MOLIÈRE

Jean-Baptiste Poquelin, dit Molière, est né en janvier 1622 à Paris. Fils d'un père tapissier, il perd sa mère à l'âge de dix ans. Après avoir suivi des études dans un collège jésuite, il se destine un temps à une carrière d'avocat, mais sa rencontre avec Tiberio Fiorelli, dit Scaramouche, et avec Madeleine Béjart, le détourne de ses projets. Ils décident de fonder une troupe de comédiens, L'Illustre Théâtre, qui s'inspire de la tradition italienne de la *commedia dell'arte*. Ensemble, ils connaissent des succès divers en province et dans les salles parisiennes.

Molière a apporté au théâtre un regard incisif sur le monde, qu'il doit à son observation minutieuse des caractères et de leurs travers. À la fois auteur et acteur, on lui doit nombre de pièces comiques, notamment : *Les Précieuses ridicules* (1659), *Sganarelle ou le Cocu imaginaire* (1660) ou encore *Les Fourberies de Scapin* (1671), et quelques chefs-d'œuvre du théâtre français : *Tartuffe* (1664), *Dom Juan* (1665) ou *Le Philanthrope* (1666).

Il meurt sur scène lors d'une dernière représentation du *Malade imaginaire*, le 17 février 1673.

L'ÉCOLE DES FEMMES

Des classiques à prix étudiés !

BALZAC,
Le Colonel Chabert - n° 12358

BAUDELAIRE,
Les Fleurs du mal - n° 12351

BEAUMARCHAIS,
Le Barbier de Séville - n° 13047,
Le Mariage de Figaro - n° 12360

CORNEILLE,
Le Cid - n° 12259,
L'Illusion comique - n° 12587

DAUDET,
Lettres de mon moulin -
n° 12667

DIDEROT,
Supplément au Voyage de
Bougainville - n° 12369

FLAUBERT,
Madame Bovary - n° 13045,
Trois Contes - n° 12362

HUGO,
Claude Gueux - n° 12529,
Le Dernier Jour d'un
condamné - n° 12363,
Ruy Blas - n° 12531

LA BRUYÈRE,
De la cour, Des grands suivis de
Du souverain ou de la
république - n° 12366

LA FONTAINE,
Fables (choix) - n° 13042

MARIVAUX,
L'Île des Esclaves suivie de
La Colonie - n° 12364,
Le Jeu de l'amour et du
hasard - n° 13046

MAUPASSANT,
Bel-Ami - n° 13043, Boule
de Suif suivie de Mademoiselle
Fifi - n° 12350, Le Horla et autres
nouvelles fantastiques - n° 12349,
Pierre et Jean - n° 12365

MÉRIMÉE,
Carmen - n° 12359, La Vénus
d'Ille suivie de Djoumâne et de Les
sorcières espagnoles - n° 12367

MOLIÈRE,
L'Avare - n° 12352, Dom Juan -
n° 12368, L'École des femmes -
n°12527, Les Fourberies de
Scapin - n° 12354, Le Médecin
malgré lui - n° 12532

MUSSET,
On ne badine pas avec
l'amour - n° 12534

RACINE,
Phèdre - n° 12533

ROSTAND,
Cyrano de Bergerac - n° 12528

ROUSSEAU,
Les Confessions (livres I à IV) -
n° 13044

SHAKESPEARE,
Roméo et Juliette - n° 12526

VOLTAIRE,
Candide - n° 12355, L'Ingénu -
n° 12356, Zadig suivi de
Micromégas - n° 12357

ZOLA,
Thérèse Raquin - n° 12353

MOLIÈRE

L'ÉCOLE DES FEMMES

Préface de Marc-Henry Arfeux

POCKET

L'École des femmes fut représentée pour la première fois le 25 décembre 1662 au Théâtre du Palais-Royal.

© 2005, Pocket, département d'Univers Poche.

ISBN : 2-266-15216-5

PRÉFACE

Dans *L'École des femmes*, représentée pour la première fois le 26 décembre 1662, un homme vieillissant, Arnolphe, cherche à s'assurer de la fidélité d'Agnès, sa future épouse. La jeune fille n'a reçu qu'une éducation sommaire de manière à limiter son intelligence et la contraindre à l'obéissance absolue. Cloîtrée dans une maison solitaire où elle attend son mariage, Agnès est vue à sa fenêtre par le jeune Horace. Il s'éprend d'elle, la courtise en l'absence d'Arnolphe, et lui fait découvrir les élans et les joies d'un amour sincère. Mais le jeune homme est le fils d'Oronte, meilleur ami d'Arnolphe. Ne se doutant de rien, Horace avoue son penchant à Arnolphe. Furieux, celui-ci tente de soustraire Agnès à cette influence, mais la jeune fille, éclairée par l'amour, s'engage peu à peu dans une rébellion ouverte contre son persécuteur.

Bien qu'elle se présente sous la forme d'une comédie, *L'École des femmes* provoque aussitôt une levée de boucliers contre son auteur. Son audacieuse défense des femmes et du mariage d'amour dérange en effet le public. L'œuvre plaît à Louis XIV, mais les adversaires de Molière se montrent tenaces. La pièce traite en effet le thème du mariage forcé, pudiquement nommé « mariage de raison ». Les familles décident des unions de leurs enfants afin de préserver leurs intérêts économiques et parfois politiques. Même si le sort des femmes s'est considérablement amélioré depuis le XVIIe siècle, la question de leur autonomie, de leur droit à la pensée, au plaisir et à l'amour est aujourd'hui encore l'enjeu de luttes féroces entre les partisans de l'ordre masculin et les féministes.

Tout commence par le projet d'Arnolphe : la peur d'être trompé par sa jeune épouse constitue sa principale obsession. Dans la première scène de la pièce, il expose à son ami Chrysalde le moyen de parvenir à ses fins. Une femme ne peut satisfaire aux exigences du mari qu'en restant dans l'ignorance :

J'aimerais mieux une laide bien sotte
Qu'une femme fort belle avec beaucoup d'esprit.

Dès cet instant, mais il l'ignore, Arnolphe est en contradiction avec ce programme. En effet, Agnès est loin d'être laide puisqu'elle plaît à Horace et lui inspire un amour authentique, prêt à livrer tous les combats pour conquérir Agnès. Quant à la prétendue sottise de la jeune fille, elle n'est que l'effet provisoire d'une éducation volontairement aliénante. Dès qu'Agnès rencontrera l'amour, elle prendra peu à peu conscience d'elle-même et fera preuve d'une vive intelligence, au désespoir d'Arnolphe qui n'y lira qu'une marque de la ruse et de la perversité féminines. On voit là le premier et le plus grave des préjugés qui guident la conduite d'Arnolphe. Comme il le dit sans rougir à Agnès, dans l'importante scène 2 de l'acte III, la femme est inférieure à l'homme et faite pour le servir :

Bien qu'on soit deux moitiés de la société,
L'une est moitié suprême et l'autre subalterne ;
L'une est en tout soumise à l'autre qui gouverne ;

L'égoïsme d'Arnolphe est tel qu'il ne dissimule guère le vrai motif de ce préjugé : la peur d'être trompé par sa future épouse. Cette hantise, de nature fondamentalement sexuelle et sociale, est si absolue qu'elle le conduit à concevoir et mettre en œuvre un programme d'éducation coercitive : dès son plus jeune âge, Agnès, prise à tort pour une petite paysanne sans famille ni biens, est élevée dans un couvent « pour la rendre idiote autant qu'il se pourrait ». La seconde contradiction d'Arnolphe est là : persuadé que la vertu de son épouse dépend de son ignorance, il ne s'aperçoit pas qu'en s'emparant du destin d'une enfant de quatre ans, il se comporte en protecteur abusif et odieux, tel un père qui projetterait d'épouser sa propre fille. Il est frappant de constater qu'il dénonce la ruse et les appétits des femmes sans jamais songer à la monstruosité des siens. Ainsi, lorsqu'il expose sa doctrine à Agnès, il tente de lui faire croire que le plaisir amoureux est un mal s'il n'est pas légitimé par le mariage :

Baiser ainsi les mains et chatouiller le cœur,
Est un péché mortel des plus gros qu'il se fasse.

Comme tous les hommes qui nient l'existence du plaisir féminin, Arnolphe invoque l'argument de la loi divine, de la peur de l'enfer et de la pureté des mœurs, préfigurant le personnage de Tartuffe qui symbolise l'hypocrisie religieuse. Ce discours n'est pas sans rappeler en effet celui de tous les intégrismes qui ont opprimé la femme au cours de l'histoire.

D'ailleurs, Arnolphe, sans le savoir, épouse leurs
thèses lorsqu'il proscrit les ornements du visage et
du corps. De même, la quatrième des *Maximes du*
mariage qu'il fait lire à Agnès stipule que :

> *Sous sa coiffe en sortant, comme l'honneur*
> *[l'ordonne*
> *Il faut que de ses yeux elle étouffe les coups,*
> *Car pour bien plaire à son époux,*
> *Elle ne doit plaire à personne.*

Pourtant, cet austère défenseur de la morale ne
répugne pas à se moquer des maris trompés, ainsi
qu'il le déclare à Chrysalde. Pire encore, lorsqu'il
rencontre Horace, à la scène 4 de l'acte I, il lui
vante les beautés locales et l'encourage à séduire les
femmes mariées, affirmant que « c'est un plaisir de
prince ». Ignorant qu'Horace aime Agnès et est aimé
d'elle, il s'enquiert même de ses aventures sur un ton
grivois qui contraste avec sa rigueur habituelle. Le
procédé comique dont use ici Molière souligne cette
contradiction qui s'accuse encore lorsque Arnolphe
découvre la vérité. L'auteur peut ainsi mettre au jour
les motifs profonds de son personnage, motifs qui
sont une fois de plus sexuels, comme l'ont bien
compris les adversaires de la pièce. Le génie subver-
sif de Molière consiste donc à démasquer les vrais
mobiles d'Arnolphe et en montrer le ridicule. En
effet, ce dernier n'est pas seulement soucieux de
connaître la vérité en questionnant la jeune fille. Il
abuse de son ingénuité pour lui faire confesser son
secret, avec une délectation bien étrange qui tient du
voyeurisme le plus ignoble puisqu'il exige d'Agnès
qu'elle lui décrive minutieusement ses émotions et
ses sensations amoureuses. Sa perversité est telle

qu'au début de l'acte IV il s'avoue naïvement à lui-même l'excitation passionnelle que lui procure cette situation. Cependant, au moment où Agnès tente de lui échapper, les pulsions d'Arnolphe révèlent toute leur virulence et leur grossièreté. Il menace la jeune fille de la battre et de la tuer, proclame qu'elle lui doit tout et n'est rien sans lui, et lui parle finalement d'une manière ignoble qui fait éclater le masque du protecteur épris de moralité. Au discours religieux succède en effet une tirade où s'exprime crûment une volonté de possession obscène :

Tu le seras toujours, va, je te le proteste,
Sans cesse, nuit et jour, je te caresserai,
Je te bouchonnerai, baiserai, mangerai.

Cette réplique est d'autant plus choquante qu'elle nie l'indépendance d'Agnès jusqu'à remettre en cause l'intégrité de sa personne. Arnolphe prétend en effet être le seul véritable maître du corps et des émotions d'Agnès. Ainsi, la jeune femme ne doit éprouver de plaisir que pour complaire aux appétits de son mari.

À l'opposé d'Arnolphe, Agnès incarne la pureté, l'humanité et la sincérité du désir. Elle ne peut donc accepter ce qui pour elle n'est qu'un esclavage dégradant. Révélée la rencontre d'Horace, l'amour est pour elle une école qui lui fait découvrir son être propre et son autonomie. Le ton ingénu de ses aveux montre que les joies du cœur et des sens ne sont pas chez elle les signes d'une quelconque perversité propre aux femmes, comme le pense Arnolphe. Bien au contraire, l'amour est une découverte de soi-même et d'autrui qui permet à Agnès de mûrir et de s'accomplir. La richesse de ses impressions développe en

effet son intelligence qui sait les analyser avec
finesse et justesse, sur un ton émouvant car dépourvu
de fausse pudeur et de grivoiserie :

> *La douceur me chatouille et là-dedans remue*
> *Certain je ne sais quoi dont je suis toute émue.*

Pressée de questions, Agnès se dit même désireuse
d'apprendre davantage les choses de l'amour, sans
se rendre compte de l'effet produit par ses paroles.
Ici encore éclate l'humour de Molière, mais c'est au
profit de la jeune fille, qui, loin d'être ridicule, y
dévoile dans toute sa noblesse sa féminité naissante.
Alors que le théâtre exprime généralement les pulsions des hommes, voici qu'une très jeune fille ose
innocemment dire son désir, son ravissement sensuel
et affectif, et revendiquer à haute voix une initiation
plus complète ! Vous devinez combien cette liberté
peut sembler scandaleuse à des esprits qui veulent
que la femme étouffe sa personnalité. Pour autant,
Agnès n'a rien d'une libertine. Dans la scène 5 de
l'acte II, elle ne demande qu'à se marier, croyant
qu'Arnolphe veut l'unir à Horace, quand il s'agit au
contraire de lui arracher un consentement dont elle
ne veut pas. C'est pourquoi elle n'hésite pas à expri-
mer sa révolte avec une fermeté sans appel :

> *Tenez, tous vos discours ne me touchent point*
> *   [l'âme :*
> *Horace avec deux mots en ferait plus que vous.*

Fidèle à elle-même et à l'homme qu'elle aime,
Agnès révèle un courage qu'Arnolphe ne soupçon-
nait pas. Elle fait semblant de lui obéir en jetant un
pot sur la tête d'Horace, mais jette secrètement une

lettre d'amour. Elle accepte de fuir avec son amant et, quand elle est reprise et séquestrée par Arnolphe, elle ne cède pas à ses menaces, revendiquant haut et fort sa liberté, avec une lucidité souveraine. Niant être l'obligée de son protecteur, elle l'accuse de l'avoir manipulée en la maintenant dans l'ignorance, tandis qu'Horace lui apparaît comme son véritable initiateur, car il l'a réveillée du sommeil affectif, sensuel et spirituel qui pesait sur sa conscience :

C'est de lui que je sais ce que je puis savoir :
Et beaucoup plus qu'à vous que je pense lui
[devoir.

Remarquez bien les mots employés par Agnès : « savoir », « devoir ». Ils disent à eux seuls que le véritable amour est un professeur intérieur de l'intelligence et de la moralité, car il grandit celle ou celui qui l'éprouve avec sincérité, dans toutes ses composantes. Telle est la véritable école, non seulement des femmes, mais aussi des hommes lorsqu'ils renoncent à leurs préjugés et à leur soif de pouvoir. Et il n'y a pas mieux que le rire, ce grand adversaire du mensonge et de la cruauté, pour le comprendre et pour le dire.

Marc-Henri ARFEUX

L'ÉCOLE DES FEMMES

À MADAME

Madame,

Je suis le plus embarrassé homme du monde, lorsqu'il me faut dédier un Livre, et je me trouve si peu fait au style d'Épître Dédicatoire, que je ne sais par où sortir de celle-ci. Un autre Auteur, qui serait en ma place, trouverait d'abord cent belles choses à dire de VOTRE ALTESSE ROYALE, sur le titre de L'ÉCOLE DES FEMMES, et l'offre qu'il vous en ferait. Mais pour moi, MADAME, je vous avoue mon faible. Je ne sais point cet art de trouver des rapports entre des choses si peu proportionnées ; et quelques belles lumières, que mes Confrères les Auteurs me donnent tous les jours sur de pareils sujets, je ne vois point ce que VOTRE ALTESSE ROYALE pourrait avoir à démêler avec la Comédie que je lui présente. On n'est pas en peine, sans doute, comment il faut faire pour vous louer. La matière, MADAME, ne saute que trop aux yeux, et de quelque côté qu'on vous regarde, on rencontre Gloire sur Gloire, et qualités sur qualités. Vous en avez, MADAME, du côté du rang, et de la naissance, qui vous font respecter de toute la terre. Vous en avez du côté des Grâces, et de l'Esprit, et du Corps, qui vous font admirer de toutes les personnes, qui vous voient. Vous en avez du côté de l'âme, qui, si l'on ose parler ainsi, vous font aimer

de tous ceux qui ont l'honneur d'approcher de vous :
Je veux dire cette douceur pleine de Charmes, dont
vous daignez tempérer la fierté des grands titres que
vous portez ; cette bonté toute obligeante ; cette affa-
bilité généreuse, que vous faites paraître pour tout le
monde : Et ce sont particulièrement ces dernières
pour qui je suis, et dont je sens fort bien que je ne
me pourrai taire quelque jour. Mais encore une fois,
MADAME, je ne sais point le biais de faire entrer ici
des vérités si éclatantes, et ce sont choses, à mon
avis, et d'une trop vaste étendue, et d'un mérite trop
relevé, pour les vouloir renfermer dans une Épître,
et les mêler avec des bagatelles. Tout bien considéré,
MADAME, Je ne vois rien à faire ici pour moi, que de
vous Dédier simplement ma Comédie, et de vous
assurer avec tout le respect, qu'il m'est possible, que
je suis

de VOTRE ALTESSE ROYALE,
MADAME,
Le très-humble, très-obéissant,
et très-obligé serviteur,
J.-B. MOLIÈRE.

PRÉFACE DE MOLIÈRE

Bien des gens ont frondé d'abord cette Comédie : mais les rieurs ont été pour elle, et tout le mal qu'on en a pu dire, n'a pu faire qu'elle n'ait eu un succès, dont je me contente. Je sais qu'on attend de moi, dans cette impression, quelque Préface, qui réponde aux censeurs, et rende raison de mon Ouvrage ; et sans doute que je suis assez redevable à toutes les personnes, qui lui ont donné leur approbation, pour me croire obligé de défendre leur jugement, contre celui des autres : mais il se trouve qu'une grande partie des choses, que j'aurais à dire sur ce sujet, est déjà dans une Dissertation, que j'ai faite en Dialogue, et dont je ne sais encore ce que je ferai. L'idée de ce Dialogue, ou si l'on veut, de cette petite Comédie, me vint après les deux ou trois premières représentations de ma Pièce. Je la dis cette idée dans une maison où je me trouvai un soir, et d'abord une personne de qualité, dont l'esprit est assez connu dans le monde, et qui me fait l'honneur de m'aimer, trouva le projet assez à son gré, non seulement pour me solliciter d'y mettre la main, mais encore pour l'y mettre lui-même, et je fus étonné que deux jours après il me montra toute l'affaire exécutée, d'une manière, à la vérité, beaucoup plus Galante, et plus Spirituelle, que je ne puis faire, mais où je trouvai

des choses trop avantageuses pour moi, et j'eus peur,
que si je produisais cet Ouvrage sur notre Théâtre,
on ne m'accusât d'abord d'avoir mendié les louan-
ges, qu'on m'y donnait. Cependant cela m'empêcha,
par quelque considération, d'achever ce que j'avais
commencé ; mais tant de gens me pressent tous les
jours de le faire, que je ne sais ce qui en sera, et cette
incertitude est cause, que je ne mets point dans cette
Préface, ce qu'on verra dans la *Critique*, en cas que
je me résolve à la faire paraître. S'il faut que cela
soit, je le dis encore, ce sera seulement pour venger
le public du chagrin délicat de certaines gens ; car
pour moi je m'en tiens assez vengé par la Réussite
de ma Comédie, et je souhaite que toutes celles, que
je pourrai faire, soient traitées par eux, comme celle-
ci, pourvu que le reste suive de même.

LES PERSONNAGES

ARNOLPHE, Autrement Monsieur de la Souche.
AGNÈS, Jeune Fille innocente élevée par Arnolphe.
HORACE, Amant d'Agnès.
ALAIN, Paysan, valet d'Arnolphe.
GEORGETTE, Paysanne, servante d'Arnolphe.
CHRYSALDE, Ami d'Arnolphe.
ENRIQUE, Beau-frère de Chrysalde.
ORONTE, Père d'Horace, et grand ami d'Arnolphe.

La Scène est dans une place de Ville.

ACTE I

SCÈNE 1
CHRYSALDE, ARNOLPHE

CHRYSALDE

Vous venez, dites-vous, pour lui donner la main ?

ARNOLPHE

Oui, je veux terminer la chose dans demain.

CHRYSALDE

Nous sommes ici seuls, et l'on peut, ce me semble,
Sans craindre d'être ouïs, y discourir ensemble.
Voulez-vous qu'en ami je vous ouvre mon cœur ?
Votre dessein, pour vous, me fait trembler de peur ;
Et de quelque façon que vous tourniez l'affaire,
Prendre Femme, est à vous un coup bien téméraire.

ARNOLPHE

Il est vrai, notre Ami. Peut-être que chez vous
Vous trouvez des sujets de craindre pour chez nous ;
Et votre front, je crois, veut que du Mariage,
Les Cornes soient partout l'infaillible apanage.

CHRYSALDE

Ce sont coups du Hasard, dont on n'est point garant ;
Et bien sot, ce me semble, est le soin qu'on en prend.

Mais quand je crains pour vous, c'est cette raillerie
Dont cent pauvres Maris ont souffert la furie :
Car enfin vous savez, qu'il n'est grands, ni petits,
Que de votre Critique on ait vus garantis ;
Car vos plus grands plaisirs sont, partout où vous êtes,
De faire cent éclats des intrigues secrètes...

ARNOLPHE

Fort bien : Est-il au monde une autre Ville aussi,
Où l'on ait des Maris si patients qu'ici ?
Est-ce qu'on n'en voit pas de toutes les espèces,
Qui sont accommodés[1] chez eux de toutes pièces ?
L'un amasse du bien, dont sa Femme fait part
À ceux qui prennent soin de le faire Cornard.
L'autre un peu plus heureux, mais non pas moins infâme,
Voit faire tous les jours des présents à sa Femme,
Et d'aucun soin jaloux n'a l'esprit combattu,
Parce qu'elle lui dit que c'est pour sa vertu.
L'un fait beaucoup de bruit, qui ne lui sert de guère ;
L'autre, en toute douceur, laisse aller les affaires,
Et voyant arriver chez lui le Damoiseau,
Prend fort honnêtement ses gants, et son manteau.
L'une de son Galant, en adroite Femelle,
Fait fausse confidence à son Époux fidèle,
Qui dort en sûreté sur un pareil appas,
Et le plaint, ce Galant, des soins qu'il ne perd pas.
L'autre, pour se purger de sa magnificence,
Dit qu'elle gagne au jeu l'argent qu'elle dépense,
Et le Mari benêt, sans songer à quel jeu,
Sur les gains qu'elle fait, rend des grâces à Dieu.
Enfin ce sont partout des sujets de Satire,
Et comme Spectateur, ne puis-je pas en rire ?
Puis-je pas de nos Sots...

1. Maltraités.

CHRYSALDE

                              Oui : mais qui rit d'autrui
Doit craindre, qu'en revanche, on rie aussi de lui.
J'entends parler le monde, et des gens se délassent
À venir débiter les choses qui se passent :
Mais quoi que l'on divulgue aux endroits où je suis,
Jamais on ne m'a vu triompher de ces bruits ;
J'y suis assez modeste ; et bien qu'aux occurrences
Je puisse condamner certaines tolérances ;
Que mon dessein ne soit de souffrir nullement,
Ce que d'aucuns Maris souffrent paisiblement,
Pourtant je n'ai jamais affecté de le dire ;
Car enfin il faut craindre un revers de Satire,
Et l'on ne doit jamais jurer, sur de tels cas,
De ce qu'on pourra faire, ou bien ne faire pas.
Ainsi quand à mon front, par un sort qui tout mène,
Il serait arrivé quelque disgrâce humaine ;
Après mon procédé, je suis presque certain
Qu'on se contentera de s'en rire sous main ;
Et peut-être qu'encor j'aurai cet avantage,
Que quelques bonnes gens diront, que c'est dommage !
Mais de vous, cher Compère, il en est autrement ;
Je vous le dis encor, vous risquez diablement.
Comme sur les Maris accusés de souffrance,
De tout temps votre langue a daubé d'importance,
Qu'on vous a vu contre eux un Diable déchaîné
Vous devez marcher droit, pour n'être point berné[1] ;
Et s'il faut que sur vous on ait la moindre prise,
Gare qu'aux Carrefours on ne vous tympanise[2],
Et...

---

1. Pour qu'on ne se moque pas de vous.
2. On ne vous critique, on ne vous blâme publiquement.

ARNOLPHE

Mon Dieu, notre Ami, ne vous tourmentez point ;
Bien huppé qui pourra m'attraper sur ce point.
Je sais les tours rusés, et les subtiles trames,
Dont pour nous en planter, savent user les Femmes,
Et comme on est dupé par leurs dextérités ;
Contre cet accident j'ai pris mes sûretés,
Et celle que j'épouse, a toute l'innocence
Qui peut sauver mon front de maligne influence.

CHRYSALDE

Et que prétendez-vous qu'une Sotte en un mot...

ARNOLPHE

Épouser une Sotte, est pour n'être point Sot :
Je crois, en bon Chrétien, votre moitié fort sage ;
Mais une Femme habile est un mauvais présage,
Et je sais ce qu'il coûte à de certaines gens,
Pour avoir pris les leurs avec trop de talents.
Moi j'irais me charger d'une Spirituelle,
Qui ne parlerait rien que Cercle[1], et que Ruelle[2] ?
Qui de Prose, et de Vers, ferait de doux écrits,
Et que visiteraient Marquis, et beaux Esprits,
Tandis que, sous le nom de Mari de Madame,
Je serais comme un Saint, que pas un ne réclame ?
Non, non, je ne veux point d'un Esprit qui soit haut,
Et Femme qui compose, en sait plus qu'il ne faut.
Je prétends que la mienne, en clartés peu sublime,
Même ne sache pas ce que c'est qu'une Rime ;

1. Groupe de personnes réunies dans un salon (assises en cercle, donc) ; les participants à ces causeries étaient des personnes cultivées.
2. Espace entre le côté du lit et le mur, où les dames de haut rang recevaient.

Et s'il faut qu'avec elle on joue au Corbillon,
Et qu'on vienne à lui dire, à son tour, qu'y met-on ?
Je veux qu'elle réponde, une tarte à la crème ;
En un mot, qu'elle soit d'une ignorance extrême ;
Et c'est assez pour elle, à vous en bien parler,
De savoir prier Dieu, m'aimer, coudre, et filer.

CHRYSALDE

Une Femme stupide est donc votre Marotte ?

ARNOLPHE

Tant, que j'aimerais mieux une laide, bien sotte,
Qu'une Femme fort belle, avec beaucoup d'esprit.

CHRYSALDE

L'esprit, et la beauté...

ARNOLPHE

L'honnêteté suffit.

CHRYSALDE

Mais comment voulez-vous, après tout, qu'une bête
Puisse jamais savoir ce que c'est qu'être honnête ?
Outre qu'il est assez ennuyeux, que je crois,
D'avoir toute sa vie une bête avec soi,
Pensez-vous le bien prendre, et que sur votre idée
La sûreté d'un front puisse être bien fondée ?
Une Femme d'esprit peut trahir son devoir ;
Mais il faut, pour le moins, qu'elle ose le vouloir ;
Et la stupide au sien peut manquer d'ordinaire,
Sans en avoir l'envie, et sans penser le faire.

ARNOLPHE

À ce bel argument, à ce discours profond,
Ce que Pantagruel à Panurge répond.
Pressez-moi de me joindre à Femme autre que sotte ;

Prêchez, patrocinez[1] jusqu'à la Pentecôte,
Vous serez ébahi, quand vous serez au bout,
Que vous ne m'aurez rien persuadé du tout.

CHRYSALDE

Je ne vous dis plus mot.

ARNOLPHE

                              Chacun a sa méthode.
En Femme, comme en tout, je veux suivre ma mode ;
Je me vois riche assez, pour pouvoir, que je crois,
Choisir une moitié, qui tienne tout de moi,
Et de qui la soumise, et pleine dépendance
N'ait à me reprocher aucun bien, ni naissance.
Un air doux, et posé, parmi d'autres enfants,
M'inspira de l'amour pour elle, dès quatre ans :
Sa Mère se trouvant de pauvreté pressée,
De la lui demander il me vint la pensée,
Et la bonne Paysanne, apprenant mon désir,
À s'ôter cette charge eut beaucoup de plaisir.
Dans un petit Couvent, loin de toute pratique[2],
Je la fis élever selon ma politique
C'est-à-dire ordonnant quels soins on emploirait,
Pour la rendre idiote autant qu'il se pourrait.
Dieu merci, le succès a suivi mon attente,
Et grande, je l'ai vue à tel point innocente
Que j'ai béni le Ciel d'avoir trouvé mon fait,
Pour me faire une Femme au gré de mon souhait.
Je l'ai donc retirée ; et comme ma demeure
À cent sortes de monde est ouverte à toute heure,
Je l'ai mise à l'écart, comme il faut tout prévoir,
Dans cette autre Maison, où nul ne me vient voir ;

1. Plaidez.
2. Mondanités.

Et pour ne point gâter sa bonté naturelle,
Je n'y tiens que des gens tout aussi simples qu'elle.
Vous me direz pourquoi cette narration ?
C'est pour vous rendre instruit de ma précaution.
Le résultat de tout, est qu'en Ami fidèle,
Ce soir, je vous invite à souper avec elle :
Je veux que vous puissiez un peu l'examiner,
Et voir, si de mon choix on me doit condamner.

CHRYSALDE

J'y consens.

ARNOLPHE

Vous pourrez, dans cette conférence,
Juger de sa personne, et de son innocence.

CHRYSALDE

Pour cet article-là, ce que vous m'avez dit
Ne peut...

ARNOLPHE

La vérité passe encor mon récit.
Dans ses simplicités à tous coups je l'admire,
Et parfois elle en dit, dont je pâme de rire.
L'autre jour (pourrait-on se le persuader ?),
Elle était fort en peine, et me vint demander,
Avec une innocence à nulle autre pareille,
Si les enfants qu'on fait, se faisaient par l'oreille.

CHRYSALDE

Je me réjouis fort, Seigneur Arnolphe...

ARNOLPHE

Bon ;
Me voulez-vous toujours appeler de ce nom ?

CHRYSALDE

Ah ! malgré que j'en aie, il me vient à la bouche,
Et jamais je ne songe à Monsieur de la Souche.
Qui diable vous a fait aussi vous aviser,
À quarante et deux ans, de vous débaptiser ?
Et d'un vieux tronc pourri de votre Métairie,
Vous faire dans le Monde un nom de Seigneurie ?

ARNOLPHE

Outre que la Maison par ce nom se connaît,
La Souche, plus qu'Arnolphe, à mes oreilles plaît.

CHRYSALDE

Quel abus, de quitter le vrai nom de ses Pères,
Pour en vouloir prendre un bâti sur des chimères ?
De la plupart des gens c'est la démangeaison ;
Et sans vous embrasser dans la comparaison,
Je sais un Paysan, qu'on appelait gros Pierre,
Qui n'ayant, pour tout bien, qu'un seul quartier de terre,
Y fit tout à l'entour faire un fossé bourbeux,
Et de Monsieur de l'Isle en prit le nom pompeux.

ARNOLPHE

Vous pourriez vous passer d'exemples de la sorte :
Mais enfin de la Souche est le nom que je porte ;
J'y vois de la raison, j'y trouve des appas,
Et m'appeler de l'autre, est ne m'obliger pas.

CHRYSALDE

Cependant la plupart ont peine à s'y soumettre,
Et je vois même encor des adresses de Lettre...

ARNOLPHE

Je le souffre aisément de qui n'est pas instruit ;
Mais vous...

CHRYSALDE

Soit. Là-dessus nous n'aurons point de bruit[1],
Et je prendrai le soin d'accoutumer ma bouche
À ne plus vous nommer que Monsieur de la Souche.

ARNOLPHE

Adieu : je frappe ici pour donner le bonjour,
Et dire seulement, que je suis de retour.

CHRYSALDE, *s'en allant.*

Ma foi je le tiens fou de toutes les manières.

ARNOLPHE

Il est un peu blessé[2] sur certaines matières.
Chose étrange de voir comme avec passion,
Un chacun est chaussé de son opinion !
Holà.

SCÈNE 2
ALAIN, GEORGETTE, ARNOLPHE

ALAIN

Qui heurte ?

ARNOLPHE

Ouvrez. On aura, que je pense,
Grande joie à me voir, après dix jours d'absence.

ALAIN

Qui va là ?

1. Querelle, conflit.
2. Extravagant, insensé.

ARNOLPHE

Moi.

ALAIN

Georgette ?

GEORGETTE

Hé bien ?

ALAIN

Ouvre là-bas.

GEORGETTE

Vas-y toi.

ALAIN

Vas-y toi.

GEORGETTE

Ma foi je n'irai pas.

ALAIN

Je n'irai pas aussi.

ARNOLPHE

Belle cérémonie
Pour me laisser dehors. Holà ho je vous prie.

GEORGETTE

Qui frappe ?

ARNOLPHE

Votre Maître.

GEORGETTE

Alain ?

ALAIN

Quoi ?

GEORGETTE

C'est Monsieur.
Ouvre vite.

ALAIN

Ouvre, toi.

GEORGETTE

Je souffle notre feu.

ALAIN

J'empêche, peur du Chat, que mon Moineau ne sorte.

ARNOLPHE

Quiconque de vous deux n'ouvrira pas la porte,
N'aura point à manger de plus de quatre jours.
Ha.

GEORGETTE

Par quelle raison y venir quand j'y cours ?

ALAIN

Pourquoi plutôt que moi ? Le plaisant strodagème[1] !

GEORGETTE

Ôte-toi donc de là.

ALAIN

Non, ôte-toi, toi-même.

GEORGETTE

Je veux ouvrir la porte.

1. Il veut dire « stratagème ».

ALAIN

Et je veux l'ouvrir, moi.

GEORGETTE

Tu ne l'ouvriras pas.

ALAIN

Ni toi non plus.

GEORGETTE

Ni toi.

ARNOLPHE

Il faut que j'aie ici l'âme bien patiente.

ALAIN

Au moins c'est moi, Monsieur.

GEORGETTE

Je suis votre Servante,
C'est moi.

ALAIN

Sans le respect de Monsieur que voilà,
Je te...

ARNOLPHE, *recevant un coup d'Alain.*
Peste.

ALAIN

Pardon.

ARNOLPHE

Voyez ce lourdaud-là.

ALAIN

C'est elle aussi, Monsieur...

ARNOLPHE

Que tous deux on se taise.
Songez à me répondre, et laissons la fadaise.
Hé bien, Alain, comment se porte-t-on ici ?

ALAIN

Monsieur, nous nous... Monsieur, nous nous por...
[Dieu merci ;
Nous nous...

*Arnolphe ôte par trois fois le chapeau de dessus la tête
d'Alain.*

ARNOLPHE

Qui vous apprend, impertinente bête,
À parler devant moi, le chapeau sur la tête ?

ALAIN

Vous faites bien, j'ai tort.

ARNOLPHE, *à Alain.*
Faites descendre Agnès.

À Georgette.

Lorsque je m'en allai, fut-elle triste après ?

GEORGETTE

Triste ! Non.

ARNOLPHE

Non !

GEORGETTE

Si fait.

ARNOLPHE

Pourquoi donc...

GEORGETTE

Oui, je meure,
Elle vous croyait voir de retour à toute heure ;
Et nous n'oyions jamais passer devant chez nous,
Cheval, Âne, ou Mulet, qu'elle ne prît pour vous.

SCÈNE 3

AGNÈS, ALAIN, GEORGETTE, ARNOLPHE

ARNOLPHE

La besogne à la main[1], c'est un bon témoignage.
Hé bien, Agnès, je suis de retour du voyage,
En êtes-vous bien aise ?

AGNÈS

Oui, Monsieur, Dieu merci.

ARNOLPHE

Et moi de vous revoir, je suis bien aise aussi :
Vous vous êtes toujours, comme on voit, bien portée ?

AGNÈS

Hors les puces, qui m'ont la nuit inquiétée.

1. Elle fait des travaux de couture.

ARNOLPHE

Ah ! vous aurez dans peu quelqu'un pour les chasser.

AGNÈS

Vous me ferez plaisir.

ARNOLPHE

　　　　　Je le puis bien penser.
Que faites-vous donc là ?

AGNÈS

　　　　　Je me fais des Cornettes.
Vos Chemises de nuit, et vos Coiffes sont faites.

ARNOLPHE

Ha ! voilà qui va bien ; allez, montez là-haut,
Ne vous ennuyez point, je reviendrai tantôt,
Et je vous parlerai d'affaires importantes.

Tous étant rentrés.

Héroïnes du temps, Mesdames les Savantes,
Pousseuses de tendresse et de beaux sentiments,
Je défie à la fois tous vos Vers, vos Romans,
Vos Lettres, Billets doux, toute votre Science,
De valoir cette honnête et pudique ignorance.

SCÈNE 4
HORACE, ARNOLPHE

ARNOLPHE

Ce n'est point par le bien qu'il faut être ébloui ;
Et pourvu que l'honneur soit... Que vois-je ? Est-ce ?...
　　　　　　　　　　　　　　　　　[Oui

Je me trompe. Nenni. Si fait. Non, c'est lui-même,
Hor...

HORACE

Seigneur Ar...

ARNOLPHE

Horace.

HORACE

Arnolphe.

ARNOLPHE

Ah ! joie extrême !
Et depuis quand ici ?

HORACE

Depuis neuf jours.

ARNOLPHE

Vraiment...

HORACE

Je fus d'abord chez vous, mais inutilement.

ARNOLPHE

J'étais à la campagne.

HORACE

Oui, depuis deux journées.

ARNOLPHE

Ô comme les enfants croissent en peu d'années !
J'admire de le voir au point où le voilà,
Après que je l'ai vu pas plus grand que cela.

HORACE

Vous voyez.

ARNOLPHE

      Mais, de grâce, Oronte votre Père,
Mon bon et cher Ami, que j'estime et révère,
Que fait-il ? que dit-il ? est-il toujours gaillard ?
À tout ce qui le touche, il sait que je prends part.
Nous ne nous sommes vus depuis quatre ans ensemble.

HORACE

Ni, qui plus est, écrit l'un à l'autre, me semble.
Il est, Seigneur Arnolphe, encor plus gai que nous,
Et j'avais de sa part une Lettre pour vous ;
Mais depuis par une autre il m'apprend sa venue,
Et la raison encor ne m'en est pas connue.
Savez-vous qui peut être un de vos Citoyens
Qui retourne en ces lieux avec beaucoup de biens,
Qu'il s'est en quatorze ans acquis dans l'Amérique ?

ARNOLPHE

Non : Vous a-t-on point dit comme on le nomme ?

HORACE

                            Enrique.

ARNOLPHE

Non.

HORACE

      Mon Père m'en parle, et qu'il est revenu,
Comme s'il devait m'être entièrement connu,
Et m'écrit qu'en chemin ensemble ils se vont mettre,
Pour un fait important que ne dit point sa Lettre.

ARNOLPHE

J'aurai certainement grande joie à le voir,
Et pour le régaler je ferai mon pouvoir.

Après avoir lu la Lettre.

Il faut, pour des Amis, des Lettres moins civiles,
Et tous ces compliments sont choses inutiles ;
Sans qu'il prît le souci de m'en écrire rien,
Vous pouvez librement disposer de mon bien.

HORACE

Je suis Homme à saisir les gens par leurs paroles[1],
Et j'ai présentement besoin de cent pistoles.

ARNOLPHE

Ma foi, c'est m'obliger que d'en user ainsi,
Et je me réjouis de les avoir ici.
Gardez aussi la bourse.

HORACE

Il faut...

ARNOLPHE

Laissons ce style.
Hé bien, comment encor trouvez-vous cette Ville ?

HORACE

Nombreuse en Citoyens, superbe en bâtiments,
Et j'en crois merveilleux les divertissements.

ARNOLPHE

Chacun a ses plaisirs, qu'il se fait à sa guise ;
Mais pour ceux que du nom de Galants on baptise,

1. À prendre les gens au mot.

Ils ont en ce Pays de quoi se contenter,
Car les Femmes y sont faites à coqueter.
On trouve d'humeur douce et la brune, et la blonde,
Et les Maris aussi les plus bénins du monde :
C'est un plaisir de Prince, et des tours que je vois,
Je me donne souvent la Comédie à moi.
Peut-être en avez-vous déjà féru [1] quelqu'une :
Vous est-il point encore arrivé de fortune ?
Les gens faits comme vous, font plus que les écus,
Et vous êtes de taille, à faire des Cocus.

HORACE

À ne vous rien cacher de la vérité pure,
J'ai d'amour en ces lieux eu certaine aventure,
Et l'amitié m'oblige à vous en faire part.

ARNOLPHE

Bon, voici de nouveau quelque conte gaillard,
Et ce sera de quoi mettre sur mes tablettes.

HORACE

Mais, de grâce, qu'au moins ces choses soient secrètes.

ARNOLPHE

Oh.

HORACE

    Vous n'ignorez pas qu'en ces occasions
Un secret éventé rompt nos prétentions.
Je vous avouerai donc avec pleine franchise
Qu'ici d'une Beauté mon âme s'est éprise :
Mes petits soins d'abord ont eu tant de succès,

1. Participe passé de férir : frapper ; c'est-à-dire « blessé »
par l'amour ; être féru de quelqu'un : être entiché.

Que je me suis chez elle ouvert un doux accès ;
Et sans trop me vanter, ni lui faire une injure,
Mes affaires y sont en fort bonne posture.

ARNOLPHE, *riant.*

Et c'est ?

HORACE, *lui montrant le logis d'Agnès.*

Un jeune objet qui loge en ce logis,
Dont vous voyez d'ici que les murs sont rougis,
Simple à la vérité, par l'erreur sans seconde [1]
D'un Homme qui la cache au commerce du monde,
Mais qui dans l'ignorance où l'on veut l'asservir,
Fait briller des attraits capables de ravir,
Un air tout engageant, je ne sais quoi de tendre,
Dont il n'est point de cœur qui se puisse défendre.
Mais, peut-être, il n'est pas que vous n'ayez bien vu
Ce jeune Astre d'amour de tant d'attraits pourvu :
C'est Agnès qu'on l'appelle.

ARNOLPHE, *à part.*

Ah ! je crève.

HORACE

Pour l'Homme,
C'est, je crois, de la Zousse, ou Source, qu'on le
[nomme :
Je ne me suis pas fort arrêté sur le nom ;
Riche, à ce qu'on m'a dit, mais des plus sensés, non,
Et l'on m'en a parlé comme d'un Ridicule.
Le connaissez-vous point ?

ARNOLPHE, *à part.*

La fâcheuse pilule !

1. Sans pareille, sans égale.

HORACE

Eh ! vous ne dites mot.

ARNOLPHE

Eh oui, je le connais.

HORACE

C'est un fou, n'est-ce pas ?

ARNOLPHE

Eh...

HORACE

Qu'en dites-vous ? quoi ?
Eh ? c'est-à-dire oui. Jaloux ? à faire rire.
Sot ? Je vois qu'il en est ce que l'on m'a pu dire.
Enfin l'aimable Agnès a su m'assujettir,
C'est un joli bijou, pour ne vous point mentir,
Et ce serait péché, qu'une Beauté si rare
Fût laissée au pouvoir de cet Homme bizarre.
Pour moi, tous mes efforts, tous mes vœux les plus
[doux
Vont à m'en rendre maître, en dépit du jaloux ;
Et l'argent que de vous j'emprunte avec franchise,
N'est que pour mettre à bout cette juste entreprise.
Vous savez mieux que moi, quels que soient nos efforts,
Que l'argent est la clef de tous les grands ressorts,
Et que ce doux métal qui frappe tant de têtes,
En amour, comme en guerre, avance les conquêtes.
Vous me semblez chagrin ; serait-ce qu'en effet
Vous désapprouveriez le dessein que j'ai fait ?

ARNOLPHE

Non, c'est que je songeais...

HORACE

Cet entretien vous lasse ;
Adieu, j'irai chez vous tantôt vous rendre grâce.

ARNOLPHE

Ah ! faut-il...

HORACE, *revenant*.

Derechef, veuillez être discret,
Et n'allez pas, de grâce, éventer mon secret.

ARNOLPHE

Que je sens dans mon âme...

HORACE, *revenant*.

Et surtout à mon Père,
Qui s'en ferait peut-être un sujet de colère.

ARNOLPHE, *croyant qu'il revient encore*.

Oh... Oh que j'ai souffert durant cet entretien !
Jamais trouble d'esprit ne fut égal au mien.
Avec quelle imprudence, et quelle hâte extrême
Il m'est venu conter cette affaire à moi-même !
Bien que mon autre nom le tienne dans l'erreur,
Étourdi montra-t-il jamais tant de fureur ?
Mais ayant tant souffert, je devais me contraindre,
Jusques à m'éclaircir de ce que je dois craindre,
À pousser jusqu'au bout son caquet indiscret,
Et savoir pleinement leur commerce secret.
Tâchons à le rejoindre, il n'est pas loin je pense,
Tirons-en de ce fait l'entière confidence ;
Je tremble du malheur qui m'en peut arriver,
Et l'on cherche souvent plus qu'on ne veut trouver.

ACTE II

SCÈNE 1
ARNOLPHE

ARNOLPHE

Il m'est, lorsque j'y pense, avantageux sans doute,
D'avoir perdu mes pas, et pu manquer sa route :
Car enfin, de mon cœur le trouble impérieux,
N'eût pu se renfermer tout entier à ses yeux,
Il eût fait éclater l'ennui qui me dévore,
Et je ne voudrais pas qu'il sût ce qu'il ignore.
Mais je ne suis pas Homme à gober le morceau,
Et laisser un champ libre aux vœux du Damoiseau,
J'en veux rompre le cours, et sans tarder, apprendre
Jusqu'où l'intelligence entre eux a pu s'étendre :
J'y prends, pour mon honneur, un notable intérêt,
Je la regarde en Femme, aux termes qu'elle en est,
Elle n'a pu faillir, sans me couvrir de honte,
Et tout ce qu'elle a fait, enfin est sur mon compte.
Éloignement fatal ! Voyage malheureux !

Frappant à la porte.

SCÈNE 2
ALAIN, GEORGETTE, ARNOLPHE

ALAIN

Ah ! Monsieur, cette fois...

ARNOLPHE

            Paix. Venez çà tous deux :
Passez là, passez là. Venez là, venez dis-je.

GEORGETTE

Ah ! vous me faites peur, et tout mon sang se fige.

ARNOLPHE

C'est donc ainsi, qu'absent, vous m'avez obéi,
Et tous deux, de concert, vous m'avez donc trahi ?

GEORGETTE

Eh ne me mangez pas, Monsieur, je vous conjure.

ALAIN, *à part.*

Quelque Chien enragé l'a mordu, je m'assure.

ARNOLPHE

Ouf. Je ne puis parler, tant je suis prévenu [1],
Je suffoque, et voudrais me pouvoir mettre nu.
Vous avez donc souffert, ô canaille maudite,
Qu'un Homme soit venu... Tu veux prendre la fuite ?
Il faut que sur le champ... Si tu bouges... Je veux
Que vous me disiez.... Euh ? Oui, je veux que tous

1. Ici, préoccupé.

                              [deux...
Quiconque remûra, par la mort, je l'assomme.
Comme est-ce que chez moi s'est introduit cet
                              Homme ?
Eh ? parlez, dépêchez, vite, promptement, tôt,
Sans rêver, veut-on dire ?

ALAIN ET GEORGETTE

                    Ah, Ah.

GEORGETTE

                         Le cœur me faut.

ALAIN

Je meurs.

ARNOLPHE

          Je suis en eau, prenons un peu d'haleine,
Il faut que je m'évente, et que je me promène.
Aurais-je deviné, quand je l'ai vu petit,
Qu'il croîtrait pour cela ? Ciel ! que mon cœur pâtit !
Je pense qu'il vaut mieux que de sa propre bouche
Je tire avec douceur l'affaire qui me touche :
Tâchons à modérer notre ressentiment.
Patience, mon cœur, doucement, doucement.
Levez-vous, et rentrant, faites qu'Agnès descende.
Arrêtez. Sa surprise en deviendrait moins grande,
Du chagrin qui me trouble, ils iraient l'avertir ;
Et moi-même je veux l'aller faire sortir.
Que l'on m'attende ici.

SCÈNE 3
Alain, Georgette

GEORGETTE

        Mon Dieu, qu'il est terrible !
Ses regards m'ont fait peur, mais une peur horrible,
Et jamais je ne vis un plus hideux Chrétien.

ALAIN

Ce Monsieur l'a fâché, je te le disais bien.

GEORGETTE

Mais que diantre est-ce là, qu'avec tant de rudesse
Il nous fait au logis garder notre Maîtresse ?
D'où vient qu'à tout le monde il veut tant la cacher,
Et qu'il ne saurait voir personne en approcher ?

ALAIN

C'est que cette action le met en jalousie.

GEORGETTE

Mais d'où vient qu'il est pris de cette fantaisie ?

ALAIN

Cela vient... Cela vient, de ce qu'il est jaloux.

GEORGETTE

Oui : mais pourquoi l'est-il ? et pourquoi ce courroux ?

ALAIN

C'est que la jalousie... Entends-tu bien, Georgette,
Est une chose... là... qui fait qu'on s'inquiète...
Et qui chasse les gens d'autour d'une maison.

Je m'en vais te bailler une comparaison,
Afin de concevoir la chose davantage.
Dis-moi, n'est-il pas vrai, quand tu tiens ton potage,
Que si quelque affamé venait pour en manger,
Tu serais en colère, et voudrais le charger ?

GEORGETTE

Oui, je comprends cela.

ALAIN

                    C'est justement tout comme.
La Femme est en effet le potage de l'Homme ;
Et quand un Homme voit d'autres Hommes parfois,
Qui veulent dans sa soupe aller tremper leurs doigts,
Il en montre aussitôt une colère extrême.

GEORGETTE

Oui : mais pourquoi chacun n'en fait-il pas de même ?
Et que nous en voyons qui paraissent joyeux,
Lorsque leurs Femmes sont avec les biaux Monsieux ?

ALAIN

C'est que chacun n'a pas cette amitié goulue,
Qui n'en veut que pour soi.

GEORGETTE

                    Si je n'ai la berlue,
Je le vois qui revient.

ALAIN

                    Tes yeux sont bons, c'est lui.

GEORGETTE

Vois comme il est chagrin.

ALAIN

                    C'est qu'il a de l'ennui.

SCÈNE 4
ARNOLPHE, AGNÈS, ALAIN, GEORGETTE

ARNOLPHE

Un certain Grec, disait à l'Empereur Auguste,
Comme une instruction utile, autant que juste,
Que lorsqu'une aventure en colère nous met,
Nous devons avant tout dire notre Alphabet.
Afin que dans ce temps la bile se tempère,
Et qu'on ne fasse rien que l'on ne doive faire.
J'ai suivi sa leçon sur le sujet d'Agnès ;
Et je la fais venir dans ce lieu tout exprès,
Sous prétexte d'y faire un tour de promenade,
Afin que les soupçons de mon esprit malade
Puissent sur le discours la mettre adroitement :
Et lui sondant le cœur s'éclaircir doucement.
Venez, Agnès Rentrez.

SCÈNE 5
ARNOLPHE, AGNÈS

ARNOLPHE

La promenade est belle.

AGNÈS

Fort belle.

ARNOLPHE

Le beau jour !

AGNÈS

Fort beau !

ARNOLPHE

Quelle nouvelle ?

AGNÈS

Le petit chat est mort.

ARNOLPHE

C'est dommage : mais quoi ?
Nous sommes tous mortels, et chacun est pour soi.
Lorsque j'étais aux champs n'a-t-il point fait de pluie ?

AGNÈS

Non.

ARNOLPHE

Vous ennuyait-il ?

AGNÈS

Jamais je ne m'ennuie.

ARNOLPHE

Qu'avez-vous fait encor ces neuf ou dix jours-ci ?

AGNÈS

Six chemises, je pense, et six coiffes aussi.

ARNOLPHE, *ayant un peu rêvé.*
Le monde, chère Agnès, est une étrange chose.
Voyez la médisance, et comme chacun cause.
Quelques voisins m'ont dit : qu'un jeune homme
                                        [inconnu
Était en mon absence à la maison venu ;

Que vous aviez souffert sa vue et ses harangues.
Mais je n'ai point pris foi sur ces méchantes langues ;
Et j'ai voulu gager que c'était faussement...

AGNÈS

Mon Dieu, ne gagez pas, vous perdriez vraiment.

ARNOLPHE

Quoi ! c'est la vérité qu'un homme...

AGNÈS

                                        Chose sûre.
Il n'a presque bougé de chez nous, je vous jure.

ARNOLPHE, *à part.*

Cet aveu qu'elle fait avec sincérité,
Me marque pour le moins son ingénuité.
Mais il me semble, Agnès, si ma mémoire est bonne,
Que j'avais défendu que vous vissiez personne.

AGNÈS

Oui ; mais, quand je l'ai vu, vous ignorez pourquoi,
Et vous en auriez fait, sans doute, autant que moi.

ARNOLPHE

Peut-être : mais enfin, contez-moi cette Histoire.

AGNÈS

Elle est fort étonnante et difficile à croire.
J'étais sur le Balcon à travailler au frais :
Lorsque je vis passer sous les arbres d'auprès
Un jeune homme bien fait, qui rencontrant ma vue,
D'une humble révérence aussitôt me salue.
Moi, pour ne point manquer à la civilité,
Je fis la révérence aussi de mon côté.

Soudain, il me refait une autre révérence.
Moi, j'en refais de même une autre en diligence ;
Et lui d'une troisième aussitôt repartant,
D'une troisième aussi j'y repars à l'instant.
Il passe, vient, repasse, et toujours de plus belle
Me fait à chaque fois révérence nouvelle.
Et moi, qui tous ces tours fixement regardais,
Nouvelle révérence aussi je lui rendais.
Tant, que si sur ce point la nuit ne fût venue,
Toujours comme cela je me serais tenue,
Ne voulant point céder ni recevoir l'ennui,
Qu'il me pût estimer moins civile que lui.

ARNOLPHE

Fort bien.

AGNÈS

      Le lendemain étant sur notre porte,
Une vieille m'aborde en parlant de la sorte.
Mon enfant, le bon Dieu puisse-t-il vous bénir,
Et dans tous vos attraits longtemps vous maintenir.
Il ne vous a pas faite une belle personne,
Afin de mal user des choses qu'il vous donne.
Et vous devez savoir que vous avez blessé
Un cœur, qui de s'en plaindre est aujourd'hui forcé.

ARNOLPHE, à part.

Ah suppôt de Satan, exécrable damnée.

AGNÈS

Moi, j'ai blessé quelqu'un ? fis-je toute étonnée.
Oui, dit-elle, blessé, mais blessé tout de bon ;
Et c'est l'homme qu'hier vous vîtes du Balcon.
Hélas ! qui pourrait, dis-je, en avoir été cause ?
Sur lui sans y penser, fis-je choir quelque chose ?

Non, dit-elle, vos yeux ont fait ce coup fatal,
Et c'est de leurs regards qu'est venu tout son mal.
Hé, mon Dieu ! ma surprise est, fis-je, sans seconde.
Mes yeux ont-ils du mal pour en donner au monde ?
Oui, fit-elle, vos yeux, pour causer le trépas
Ma fille, ont un venin que vous ne savez pas.
En un mot, il languit le pauvre misérable.
Et s'il faut, poursuivit la vieille charitable,
Que votre cruauté lui refuse un secours,
C'est un homme à porter en terre dans deux jours.
Mon Dieu ! j'en aurais, dis-je, une douleur bien
                                        [grande.
Mais pour le secourir, qu'est-ce qu'il me demande ?
Mon enfant, me dit-elle, il ne veut obtenir,
Que le bien de vous voir et vous entretenir.
Vos yeux peuvent eux seuls empêcher sa ruine,
Et du mal qu'ils ont fait être la médecine.
Hélas ! volontiers, dis-je, et puisqu'il est ainsi,
Il peut tant qu'il voudra me venir voir ici.

ARNOLPHE, *à part*

Ah sorcière maudite, empoisonneuse d'âmes,
Puisse l'Enfer payer tes charitables trames.

AGNÈS

Voilà comme il me vit et reçut guérison.
Vous-même, à votre avis, n'ai-je pas eu raison ?
Et pouvais-je après tout avoir la conscience
De le laisser mourir faute d'une assistance ?
Moi qui compatis tant aux gens qu'on fait souffrir,
Et ne puis sans pleurer voir un poulet mourir.

ARNOLPHE, *bas*.

Tout cela n'est parti que d'une âme innocente :
Et j'en dois accuser mon absence imprudente,

Qui sans guide a laissé cette bonté de mœurs
Exposée aux aguets des rusés séducteurs.
Je crains que le pendard, dans ses vœux téméraires,
Un peu plus fort que jeu n'ait poussé les affaires.

AGNÈS

Qu'avez-vous ? vous grondez, ce me semble, un petit.
Est-ce que c'est mal fait ce que je vous ai dit ?

ARNOLPHE

Non. Mais de cette vue apprenez-moi les suites,
Et comme le jeune homme a passé ses visites.

AGNÈS

Hélas ! si vous saviez, comme il était ravi ;
Comme il perdit son mal, sitôt que je le vis ;
Le présent qu'il m'a fait d'une belle cassette,
Et l'argent qu'en ont eu notre Alain et Georgette,
Vous l'aimeriez sans doute, et diriez comme nous...

ARNOLPHE

Oui, mais que faisait-il étant seul avec vous ?

AGNÈS

Il jurait, qu'il m'aimait d'une amour sans seconde :
Et me disait des mots les plus gentils du monde :
Des choses que jamais rien ne peut égaler
Et dont, toutes les fois que je l'entends parler,
La douceur me chatouille, et là-dedans remue
Certain je ne sais quoi, dont je suis toute émue.

ARNOLPHE, *à part.*

Ô fâcheux examen d'un mystère fatal,
Où l'examinateur souffre seul tout le mal !

À Agnès.

Outre tous ces discours, toutes ces gentillesses,
Ne vous faisait-il point aussi quelques caresses ?

ARNOLPHE

Oh tant ; il me prenait et les mains et les bras,
Et de me les baiser il n'était jamais las.

ARNOLPHE

Ne vous a-t-il point pris, Agnès, quelque autre chose ?

La voyant interdite.

Ouf.

AGNÈS

Hé, il m'a...

ARNOLPHE

Quoi ?

AGNÈS

Pris...

ARNOLPHE

Euh !

AGNÈS

Le...

ARNOLPHE

Plaît-il ?

AGNÈS

Je n'ose,
Et vous vous fâcherez peut-être contre moi.

ARNOLPHE

Non.

AGNÈS

Si fait.

ARNOLPHE

Mon dieu ! non.

AGNÈS

Jurez donc votre foi.

ARNOLPHE

Ma foi, soit.

AGNÈS

Il m'a pris... vous serez en colère.

ARNOLPHE

Non.

AGNÈS

Si.

ARNOLPHE

Non, non, non, non ! Diantre ! que de mystère !
Qu'est-ce qu'il vous a pris ?

AGNÈS

Il...

ARNOLPHE, *à part.*

Je souffre en damné.

AGNÈS

Il m'a pris le ruban que vous m'aviez donné.
À vous dire le vrai, je n'ai pu m'en défendre.

ARNOLPHE, *reprenant haleine.*

Passe pour le ruban. Mais je voulais apprendre,
S'il ne vous a rien fait que vous baiser les bras.

AGNÈS

Comment. Est-ce qu'on fait d'autres choses ?

ARNOLPHE

Non pas.

Mais pour guérir du mal qu'il dit qui le possède,
N'a-t-il point exigé de vous d'autre remède ?

AGNÈS

Non. Vous pouvez juger s'il en eût demandé,
Que pour le secourir j'aurais tout accordé.

ARNOLPHE

Grâce aux bontés du Ciel, j'en suis quitte à bon compte.
Si j'y retombe plus je veux bien qu'on m'affronte [1].
Chut. De votre innocence, Agnès, c'est un effet,
Je ne vous en dis mot, ce qui s'est fait est fait.
Je sais qu'en vous flattant le Galant ne désire
Que de vous abuser, et puis après s'en rire.

AGNÈS

Oh ! point. Il me l'a dit plus de vingt fois à moi.

ARNOLPHE

Ah ! vous ne savez pas ce que c'est que sa foi.
Mais enfin : apprenez qu'accepter des cassettes,

---

1. Qu'on me trompe.

Et de ces beaux blondins écouter les sornettes :
Que se laisser par eux à force de langueur
Baiser ainsi les mains, et chatouiller le cœur :
Est un péché mortel des plus gros qu'il se fasse.

AGNÈS

Un péché, dites-vous, et la raison de grâce ?

ARNOLPHE

La raison ? La raison, est l'arrêt prononcé,
Que par ces actions le Ciel est courroucé.

AGNÈS

Courroucé. Mais pourquoi faut-il qu'il s'en courrouce ?
C'est une chose, hélas ! si plaisante et si douce.
J'admire quelle joie on goûte à tout cela.
Et je ne savais point encor ces choses-là.

ARNOLPHE

Oui. C'est un grand plaisir que toutes ces tendresses,
Ces propos si gentils, et ces douces caresses :
Mais il faut le goûter en toute honnêteté,
Et qu'en se mariant le crime en soit ôté.

AGNÈS

N'est-ce plus un péché lorsque l'on se marie ?

ARNOLPHE

Non.

AGNÈS

Mariez-moi donc promptement, je vous prie.

ARNOLPHE

Si vous le souhaitez, je le souhaite aussi,
Et pour vous marier on me revoit ici.

AGNÈS

Est-il possible ?

ARNOLPHE

Oui.

AGNÈS

Que vous me ferez aise !

ARNOLPHE

Oui, je ne doute point que l'hymen ne vous plaise.

AGNÈS

Vous nous voulez nous deux...

ARNOLPHE

Rien de plus assuré.

AGNÈS

Que si cela se fait, je vous caresserai !

ARNOLPHE

Hé, la chose sera de ma part réciproque.

AGNÈS

Je ne reconnais point pour moi, quand on se moque.
Parlez-vous tout de bon ?

ARNOLPHE

Oui, vous le pourrez voir.

AGNÈS

Nous serons mariés ?

ARNOLPHE

Oui.

AGNÈS

Mais quand ?

ARNOLPHE

Dès ce soir.

AGNÈS, *riant.*

Dès ce soir ?

ARNOLPHE

Dès ce soir. Cela vous fait donc rire ?

AGNÈS

Oui.

ARNOLPHE

Vous voir bien contente, est ce que je désire.

AGNÈS

Hélas ! que je vous ai grande obligation !
Et qu'avec lui j'aurai de satisfaction !

ARNOLPHE

Avec qui ?

AGNÈS

Avec... là.

ARNOLPHE

Là... là n'est pas mon compte.
À choisir un mari, vous êtes un peu prompte.
C'est un autre en un mot que je vous tiens tout prêt,

Et quant au Monsieur, là. Je prétends, s'il vous plaît,
Dût le mettre au tombeau le mal dont il vous berce,
Qu'avec lui désormais vous rompiez tout commerce
Que venant au logis pour votre compliment
Vous lui fermiez au nez la porte honnêtement,
Et lui jetant, s'il heurte, un grès par la fenêtre,
L'obligiez tout de bon à ne plus y paraître.
M'entendez-vous, Agnès ? moi, caché dans un coin,
De votre procédé je serai le témoin.

AGNÈS

Las ! il est si bien fait. C'est...

ARNOLPHE

Ah que de langage !

AGNÈS

Je n'aurai pas le cœur...

ARNOLPHE

Point de bruit davantage.

Montez là-haut.

AGNÈS

Mais quoi, voulez-vous...

ARNOLPHE

C'est assez.

Je suis Maître, je parle, allez, obéissez.

ACTE III

SCÈNE 1
ARNOLPHE, AGNÈS, ALAIN, GEORGETTE

ARNOLPHE

Oui : tout a bien été, ma joie est sans pareille.
Vous avez là suivi mes ordres à merveille :
Confondu de tout point le blondin séducteur ;
Et voilà de quoi sert un sage directeur [1].
Votre innocence, Agnès, avait été surprise.
Voyez, sans y penser, où vous vous étiez mise.
Vous enfiliez tout droit, sans mon instruction
Le grand chemin d'Enfer et de perdition.
De tous ces Damoiseaux on sait trop les coutumes.
Ils ont de beaux canons, force rubans, et plumes,
Grands cheveux, belles dents, et des propos fort doux :
Mais comme je vous dis la griffe est là-dessous ;
Et ce sont vrais Satans, dont la gueule altérée
De l'honneur féminin cherche à faire curée.
Mais encore une fois, grâce au soin apporté,
Vous en êtes sortie avec honnêteté.
L'air dont je vous ai vu lui jeter cette pierre,
Qui de tous ses desseins a mis l'espoir par terre,
Me confirme encor mieux à ne point différer
Les Noces, où je dis qu'il vous faut préparer.

1. Ici, de conscience : ecclésiastique.

Mais avant toute chose il est bon de vous faire
Quelque petit discours, qui vous soit salutaire.
Un siège au frais ici. Vous, si jamais en rien...

GEORGETTE

De toutes vos leçons nous nous souviendrons bien.
Cet autre Monsieur là nous en faisait accroire ;
Mais...

ALAIN

     S'il entre jamais, je veux jamais ne boire.
Aussi bien est-ce un sot, il nous a l'autre fois
Donné deux écus d'or qui n'étaient pas de poids.

ARNOLPHE

Ayez donc pour souper tout ce que je désire.
Et pour notre contrat, comme je viens de dire,
Faites venir ici l'un ou l'autre au retour,
Le Notaire qui loge au coin de ce carfour.

SCÈNE 2
ARNOLPHE, AGNÈS

ARNOLPHE, *assis*.

Agnès, pour m'écouter, laissez là votre ouvrage.
Levez un peu la tête, et tournez le visage.
Là, regardez-moi là, durant cet entretien :
Et jusqu'au moindre mot imprimez-le vous bien.
Je vous épouse, Agnès, et cent fois la journée
Vous devez bénir l'heur de votre destinée :
Contempler la bassesse où vous avez été,
Et dans le même temps admirer ma bonté,

Qui de ce vil état de pauvre Villageoise,
Vous fait monter au rang d'honorable Bourgeoise :
Et jouir de la couche et des embrassements,
D'un homme qui fuyait tous ces engagements ;
Et dont à vingt partis fort capables de plaire,
Le cœur a refusé l'honneur qu'il vous veut faire.
Vous devez toujours, dis-je, avoir devant les yeux
Le peu que vous étiez sans ce nœud glorieux ;
Afin que cet objet d'autant mieux vous instruise,
À mériter l'état où je vous aurai mise ;
À toujours vous connaître, et faire qu'à jamais
Je puisse me louer de l'acte que je fais.
Le mariage, Agnès, n'est pas un badinage.
À d'austères devoirs le rang de femme engage :
Et vous n'y montez pas, à ce que je prétends,
Pour être libertine et prendre du bon temps.
Votre sexe n'est là que pour la dépendance.
Du côté de la barbe est la toute-puissance.
Bien qu'on soit deux moitiés de la société,
Ces deux moitiés pourtant n'ont point d'égalité :
L'une est moitié suprême, et l'autre subalterne :
L'une en tout est soumise à l'autre qui gouverne.
Et ce que le soldat dans son devoir instruit,
Montre d'obéissance au Chef qui le conduit,
Le Valet à son Maître, un Enfant à son Père,
À son Supérieur le moindre petit Frère,
N'approche point encor de la docilité,
Et de l'obéissance, et de l'humilité,
Et du profond respect, où la femme doit être
Pour son mari, son Chef, son Seigneur et son Maître.
Lorsqu'il jette sur elle un regard sérieux,
Son devoir aussitôt est de baisser les yeux ;
Et de n'oser jamais le regarder en face
Que quand d'un doux regard il lui veut faire grâce.

C'est ce qu'entendent mal les femmes d'aujourd'hui :
Mais ne vous gâtez pas sur l'exemple d'autrui.
Gardez-vous d'imiter ces coquettes vilaines,
Dont par toute la Ville on chante les fredaines :
Et de vous laisser prendre aux assauts du malin,
C'est-à-dire, d'ouïr aucun jeune blondin.
Songez qu'en vous faisant moitié de ma personne,
C'est mon honneur, Agnès, que je vous abandonne :
Que cet honneur est tendre, et se blesse de peu ;
Que sur un tel sujet il ne faut point de jeu :
Et qu'il est aux Enfers des chaudières bouillantes,
Où l'on plonge à jamais les femmes mal vivantes.
Ce que je vous dis là ne sont pas des chansons :
Et vous devez du cœur dévorer ces leçons.
Si votre âme les suit, et fuit d'être coquette,
Elle sera toujours comme un lis blanche et nette ;
Mais s'il faut qu'à l'honneur elle fasse un faux bond,
Elle deviendra lors noire comme un charbon ;
Vous paraîtrez à tous un objet effroyable,
Et vous irez un jour, vrai partage du diable,
Bouillir dans les Enfers à toute éternité :
Dont vous veuille garder la Céleste bonté.
Faites la révérence. Ainsi qu'une Novice
Par cœur dans le Couvent doit savoir son office,
Entrant au mariage, il en faut faire autant :
Et voici dans ma poche un écrit important

Il se lève.

Qui vous enseignera l'office de la femme.
J'en ignore l'Auteur : mais c'est quelque bonne âme.
Et je veux que ce soit votre unique entretien.
Tenez : voyons un peu si vous le lirez bien.

AGNÈS *lit.*

LES MAXIMES DU MARIAGE
ou
LES DEVOIRS DE LA FEMME MARIÉE,
Avec son Exercice journalier.

I. MAXIME
Celle qu'un lien honnête
Fait entrèr au lit d'autrui
Doit se mettre dans la tête,
Malgré le train d'aujourd'hui,
Que l'homme qui la prend, ne la prend que pour lui.

ARNOLPHE

Je vous expliquerai ce que cela veut dire.
Mais pour l'heure présente il ne faut rien que lire.

AGNÈS *poursuit.*
II. MAXIME
Elle ne se doit parer
Qu'autant que peut désirer
Le mari qui la possède.
C'est lui que touche seul le soin de sa beauté ;
Et pour rien doit être compté
Que les autres la trouvent laide.

III. MAXIME
Loin, ces études d'œillades,
Ces eaux, ces blancs, ces pommades,
Et mille ingrédients qui font des teints fleuris.
À l'honneur tous les jours ce sont drogues mortelles.
Et les soins de paraître belles
Se prennent peu pour les maris.

IV. MAXIME

Sous sa coiffe en sortant, comme l'honneur l'ordonne,
Il faut que de ses yeux elle étouffe les coups.
Car pour bien plaire à son Époux,
Elle ne doit plaire à personne.

V. MAXIME

Hors ceux, dont au mari la visite se rend,
La bonne règle défend
De recevoir aucune âme.
Ceux qui de galante humeur,
N'ont affaire qu'à Madame,
N'accommodent pas Monsieur.

VI. MAXIME

Il faut des présents des hommes
Qu'elle se défende bien.
Car dans le siècle où nous sommes,
On ne donne rien pour rien.

VII. MAXIME

Dans ses meubles, dût-elle en avoir de l'ennui,
Il ne faut écritoire, encre, papier, ni plumes.
Le mari doit, dans les bonnes coutumes,
Écrire tout ce qui s'écrit chez lui.

VIII. MAXIME

Ces sociétés déréglées,
Qu'on nomme belles assemblées,
Des femmes, tous les jours corrompent les esprits.
En bonne Politique on les doit interdire ;
Car c'est là, que l'on conspire
Contre les pauvres maris.

IX. MAXIME

Toute femme qui veut à l'honneur se vouer,
Doit se défendre de jouer,
Comme d'une chose funeste.
Car le jeu fort décevant
Pousse une femme souvent
À jouer de tout son reste.

X. MAXIME

Des promenades du temps,
Ou repas qu'on donne aux champs
Il ne faut pas qu'elle essaye.
Selon les prudents cerveaux,
Le mari dans ces cadeaux
Est toujours celui qui paye.

XI. MAXIME

ARNOLPHE

Vous achèverez seule, et pas à pas tantôt
Je vous expliquerai ces choses comme il faut.
Je me suis souvenu d'une petite affaire.
Je n'ai qu'un mot à dire, et ne tarderai guère.
Rentrez : et conservez ce Livre chèrement.
Si le Notaire vient, qu'il m'attende un moment.

SCÈNE 3
ARNOLPHE

ARNOLPHE

Je ne puis faire mieux que d'en faire ma femme.
Ainsi que je voudrai, je tournerai cette âme.
Comme un morceau de cire entre mes mains elle est,
Et je lui puis donner la forme qui me plaît.
Il s'en est peu fallu que, durant mon absence,
On ne m'ait attrapé par son trop d'innocence,
Mais il vaut beaucoup mieux, à dire vérité,
Que la femme qu'on a pèche de ce côté.
De ces sortes d'erreurs le remède est facile.
Toute personne simple aux leçons est docile :
Et si du bon chemin on l'a fait écarter
Deux mots incontinent[1] l'y peuvent rejeter.
Mais une femme habile est bien une autre bête.
Notre sort ne dépend que de sa seule tête :
De ce qu'elle s'y met, rien ne la fait gauchir,
Et nos enseignements ne font là que blanchir[2].
Son bel esprit lui sert à railler nos maximes,
À se faire souvent des vertus de ses crimes :
Et trouver, pour venir à ses coupables fins,
Des détours à duper l'adresse des plus fins.
Pour se parer du coup en vain on se fatigue.
Une femme d'esprit est un diable en intrigue :
Et dès que son caprice a prononcé tout bas
L'arrêt de notre honneur, il faut passer le pas.
Beaucoup d'honnêtes gens en pourraient bien que dire.

1. Aussitôt.
2. Qu'effleurer ; les enseignements sont sans effet.

Enfin mon étourdi n'aura pas lieu d'en rire.
Par son trop de caquet il a ce qu'il lui faut.
Voilà de nos Français l'ordinaire défaut.
Dans la possession d'une bonne fortune,
Le secret est toujours ce qui les importune ;
Et la vanité sotte a pour eux tant d'appas,
Qu'ils se pendraient plutôt que de ne causer pas.
Ô que les femmes sont du diable bien tentées,
Lorsqu'elles vont choisir ces têtes éventées !
Et que... Mais le voici : cachons-nous toujours bien,
Et découvrons un peu quel chagrin est le sien.

SCÈNE 4
HORACE, ARNOLPHE

HORACE

Je reviens de chez vous, et le destin me montre
Qu'il n'a pas résolu que je vous y rencontre.
Mais j'irai tant de fois qu'enfin quelque moment...

ARNOLPHE

Hé mon Dieu ! n'entrons point dans ce vain
                                        [compliment.
Rien ne me fâche tant que ces cérémonies,
Et si l'on m'en croyait, elles seraient bannies.
C'est un maudit usage, et la plupart des gens
Y perdent sottement les deux tiers de leur temps.
Mettons [1] donc sans façon. Hé bien, vos amourettes ?
Puis-je, Seigneur Horace, apprendre où vous en êtes ?
J'étais tantôt distrait par quelque vision :
Mais depuis là-dessus j'ai fait réflexion.

---

1. Remettons (nos chapeaux).

De vos premiers progrès j'admire la vitesse,
Et dans l'événement mon âme s'intéresse.

HORACE

Ma foi, depuis qu'à vous s'est découvert mon cœur,
Il est à mon amour arrivé du malheur.

ARNOLPHE

Oh, oh ! comment cela ?

HORACE

       La fortune cruelle
A ramené des champs le patron de la belle.

ARNOLPHE

Quel malheur !

HORACE

       Et de plus, à mon très grand regret,
Il a su de nous deux le commerce secret.

ARNOLPHE

D'où diantre ! a-t-il sitôt appris cette aventure ?

HORACE

Je ne sais. Mais enfin c'est une chose sûre.
Je pensais aller rendre, à mon heure à peu près,
Ma petite visite à ses jeunes attraits,
Lorsque changeant pour moi de ton et de visage,
Et Servante et Valet m'ont bouché le passage,
Et d'un : *retirez-vous, vous nous importunez*,
M'ont assez rudement fermé la porte au nez.

ARNOLPHE

La porte au nez !

HORACE

Au nez.

ARNOLPHE

                    La chose est un peu forte.

HORACE

J'ai voulu leur parler au travers de la porte :
Mais à tous mes propos ce qu'ils ont répondu
C'est, *vous n'entrerez point, Monsieur l'a défendu.*

ARNOLPHE

Ils n'ont donc point ouvert ?

HORACE

                    Non. Et de la fenêtre
Agnès m'a confirmé le retour de ce Maître,
En me chassant de là d'un ton plein de fierté,
Accompagné d'un grès que sa main a jeté.

ARNOLPHE

Comment d'un grès ?

HORACE

                    D'un grès de taille non petite,
Dont on a par ses mains régalé ma visite.

ARNOLPHE

Diantre ! ce ne sont pas des prunes que cela ;
Et je trouve fâcheux l'état où vous voilà.

HORACE

Il est vrai, je suis mal par ce retour funeste.

ARNOLPHE

Certes j'en suis fâché pour vous, je vous proteste.

HORACE

Cet homme me rompt tout.

ARNOLPHE

　　　　　　　Oui, mais cela n'est rien,
Et de vous raccrocher[1] vous trouverez moyen.

HORACE

Il faut bien essayer par quelque intelligence
De vaincre du jaloux l'exacte vigilance.

ARNOLPHE

Cela vous est facile, et la fille après tout
Vous aime.

HORACE

　　　Assurément.

ARNOLPHE

　　　　　　Vous en viendrez à bout.

HORACE

Je l'espère.

ARNOLPHE

　　　　Le grès vous a mis en déroute,
Mais cela ne doit pas vous étonner.

HORACE

　　　　　　　　Sans doute,
Et j'ai compris d'abord que mon homme était là,

1. De vous réconcilier.

Qui sans se faire voir conduisait tout cela :
Mais ce qui m'a surpris et qui va vous surprendre,
C'est un autre incident que vous allez entendre,
Un trait hardi qu'a fait cette jeune beauté,
Et qu'on n'attendrait point de sa simplicité ;
Il le faut avouer, l'amour est un grand maître,
Ce qu'on ne fut jamais il nous enseigne à l'être,
Et souvent de nos mœurs l'absolu changement
Devient par ses leçons l'ouvrage d'un moment.
De la nature en nous il force les obstacles,
Et ses effets soudains ont de l'air des miracles,
D'un avare à l'instant il fait un libéral :
Un Vaillant d'un Poltron, un Civil d'un Brutal.
Il rend agile à tout l'âme la plus pesante,
Et donne de l'esprit à la plus innocente :
Oui, ce dernier miracle éclate dans Agnès,
Car tranchant avec moi par ces termes exprès,
Retirez-vous, mon âme aux visites renonce,
Je sais tous vos discours ; Et voilà ma réponse,
Cette pierre ou ce grès dont vous vous étonniez,
Avec un mot de lettre est tombée à mes pieds,
Et j'admire de voir cette lettre ajustée
Avec le sens des mots et la pierre jetée.
D'une telle action n'êtes-vous pas surpris ?
L'amour sait-il pas l'art d'aiguiser les esprits ?
Et peut-on me nier que ses flammes puissantes,
Ne fassent dans un cœur des choses étonnantes ?
Que dites-vous du tour, et de ce mot d'écrit ?
Euh ! n'admirez-vous point cette adresse d'esprit ?
Trouvez-vous pas plaisant de voir quel Personnage
A joué mon jaloux dans tout ce badinage ?
Dites.

ARNOLPHE

Oui fort plaisant.

HORACE

Riez-en donc un peu.

Arnolphe rit d'un ris forcé.

Cet homme gendarmé d'abord contre mon feu,
Qui chez lui se retranche, et de grès fait parade,
Comme si j'y voulais entrer par escalade,
Qui pour me repousser dans son bizarre effroi,
Anime du dedans tous ses gens contre moi,
Et qu'abuse à ses yeux par sa machine même,
Celle qu'il veut tenir dans l'ignorance extrême :
Pour moi je vous l'avoue, encor que son retour
En un grand embarras jette ici mon amour,
Je tiens cela plaisant autant qu'on saurait dire,
Je ne puis y songer sans de bon cœur en rire.
Et vous n'en riez pas assez à mon avis.

ARNOLPHE, *avec un ris forcé.*

Pardonnez-moi, j'en ris tout autant que je puis.

HORACE

Mais il faut qu'en ami je vous montre la lettre.
Tout ce que son cœur sent, sa main a su l'y mettre :
Mais en termes touchants, et tous pleins de bonté,
De tendresse innocente, et d'ingénuité,
De la manière enfin que la pure nature
Exprime de l'amour la première blessure.

ARNOLPHE, *bas.*

Voilà, friponne, à quoi l'écriture te sert,
Et contre mon dessein l'art t'en fut découvert.

HORACE *lit.*

*Je veux vous écrire, et je suis bien en peine par où je
m'y prendrai. J'ai des pensées que je désirerais que*

*vous sussiez ; mais je ne sais comment faire pour vous
les dire, et je me défie de mes paroles. Comme je
commence à connaître qu'on m'a toujours tenue dans
l'ignorance, j'ai peur de mettre quelque chose, qui ne
soit pas bien, et d'en dire plus que je ne devrais. En
vérité je ne sais ce que vous m'avez fait ; mais je sens
que je suis fâchée à mourir de ce qu'on me fait faire
contre vous, que j'aurai toutes les peines du monde à
me passer de vous, et que je serais bien aise d'être à
vous. Peut-être qu'il y a du mal à dire cela ; mais enfin
je ne puis m'empêcher de le dire, et je voudrais que
cela se pût faire, sans qu'il y en eût. On me dit fort,
que tous les jeunes hommes sont des trompeurs ; qu'il
ne les faut point écouter, et que tout ce que vous me
dites, n'est que pour m'abuser ; mais je vous assure,
que je n'ai pu encore me figurer cela de vous ; et je
suis si touchée de vos paroles, que je ne saurais croire
qu'elles soient menteuses. Dites-moi franchement ce
qui en est ; car enfin, comme je suis sans malice, vous
auriez le plus grand tort du monde, si vous me trompiez.
Et je pense que j'en mourrais de déplaisir.*

ARNOLPHE

Hon ! chienne !

HORACE

Qu'avez-vous ?

ARNOLPHE

Moi ? rien ; c'est que
[je tousse.

HORACE

Avez-vous jamais vu d'expression plus douce ?
Malgré les soins maudits d'un injuste pouvoir,

Un plus beau naturel peut-il se faire voir ?
Et n'est-ce pas sans doute un crime punissable,
De gâter méchamment ce fonds d'âme admirable ?
D'avoir dans l'ignorance et la stupidité,
Voulu de cet esprit étouffer la clarté ?
L'amour a commencé d'en déchirer le voile,
Et si par la faveur de quelque bonne étoile,
Je puis, comme j'espère, à ce franc animal,
Ce traître, ce bourreau, ce faquin, ce brutal...

ARNOLPHE

Adieu.

HORACE

Comment, si vite ?

ARNOLPHE

Il m'est dans la pensée
Venu tout maintenant une affaire pressée.

HORACE

Mais ne sauriez-vous point, comme on la tient de près,
Qui dans cette maison pourrait avoir accès ?
J'en use sans scrupule, et ce n'est pas merveille
Qu'on se puisse entre amis servir à la pareille,
Je n'ai plus là-dedans que gens pour m'observer,
Et servante et valet que je viens de trouver,
N'ont jamais de quelque air que je m'y sois pu prendre,
Adouci leur rudesse à me vouloir entendre.
J'avais pour de tels coups certaine vieille en main,
D'un génie à vrai dire au-dessus de l'humain,
Elle m'a dans l'abord servi de bonne sorte :
Mais depuis quatre jours la pauvre femme est morte,
Ne me pourriez-vous point ouvrir quelque moyen ?

ARNOLPHE

Non vraiment, et sans moi vous en trouverez bien.

HORACE

Adieu donc. Vous voyez ce que je vous confie.

SCÈNE 5
ARNOLPHE

ARNOLPHE

Comme il faut devant lui que je me mortifie !
Quelle peine à cacher mon déplaisir cuisant !
Quoi pour une innocente, un esprit si présent ?
Elle a feint d'être telle à mes yeux, la traîtresse,
Ou le diable à son âme a soufflé cette adresse :
Enfin me voilà mort par ce funeste écrit,
Je vois qu'il a, le traître, empaumé[1] son esprit,
Qu'à ma suppression il s'est ancré chez elle,
Et c'est mon désespoir, et ma peine mortelle,
Je souffre doublement dans le vol de son cœur,
Et l'amour y pâtit aussi bien que l'honneur.
J'enrage de trouver cette place usurpée,
Et j'enrage de voir ma prudence trompée.
Je sais que pour punir son amour libertin
Je n'ai qu'à laisser faire à son mauvais destin,
Que je serai vengé d'elle par elle-même :
Mais il est bien fâcheux de perdre ce qu'on aime.
Ciel ! puisque pour un choix j'ai tant Philosophé,
Faut-il de ses appas m'être si fort coiffé[2] ?

1. Il s'est rendu maître de son esprit, il l'a subjuguée.
2. Coiffer : séduire ; être coiffé : être épris.

Elle n'a ni parents, ni support, ni richesse,
Elle trahit mes soins, mes bontés, ma tendresse,
Et cependant je l'aime, après ce lâche tour,
Jusqu'à ne me pouvoir passer de cet amour.
Sot, n'as-tu point de honte ? ah je crève, j'enrage,
Et je souffletterais mille fois mon visage.
Je veux entrer un peu ; mais seulement pour voir
Quelle est sa contenance après un trait si noir.
Ciel ! faites que mon front soit exempt de disgrâce,
Ou bien s'il est écrit, qu'il faille que j'y passe,
Donnez-moi tout au moins, pour de tels accidents,
La constance qu'on voit à de certaines gens.

ACTE IV

SCÈNE 1
ARNOLPHE

ARNOLPHE

J'ai peine, je l'avoue, à demeurer en place,
Et de mille soucis mon esprit s'embarrasse,
Pour pouvoir mettre un ordre et dedans et dehors,
Qui du godelureau rompe tous les efforts :
De quel œil la traîtresse a soutenu ma vue,
De tout ce qu'elle a fait elle n'est point émue.
Et bien qu'elle me mette à deux doigts du trépas,
On dirait à la voir qu'elle n'y touche[1] pas.
Plus en la regardant je la voyais tranquille,
Plus je sentais en moi s'échauffer une bile,
Et ces bouillants transports dont s'enflammait mon
[cœur
Y semblaient redoubler mon amoureuse ardeur.
J'étais aigri, fâché, désespéré contre elle,
Et cependant jamais je ne la vis si belle ;
Jamais ses yeux aux miens n'ont paru si perçants,
Jamais je n'eus pour eux des désirs si pressants,
Et je sens là-dedans qu'il faudra que je crève,
Si de mon triste sort la disgrâce s'achève.
Quoi ? j'aurai dirigé son éducation
Avec tant de tendresse et de précaution ;

1. Ici, affecter l'innocence.

Je l'aurai fait passer chez moi dès son enfance,
Et j'en aurai chéri la plus tendre espérance ;
Mon cœur aura bâti sur ses attraits naissants,
Et cru la mitonner pour moi durant treize ans,
Afin qu'un jeune fou dont elle s'amourache
Me la vienne enlever jusque sur la moustache,
Lorsqu'elle est avec moi mariée à demi !
Non parbleu, non parbleu, petit sot mon ami,
Vous aurez beau tourner : ou j'y perdrai mes peines,
Ou je rendrai, ma foi, vos espérances vaines,
Et de moi tout à fait vous ne vous rirez point.

SCÈNE 2
Le Notaire, Arnolphe

LE NOTAIRE

Ah le voilà ! Bonjour, me voici tout à point
Pour dresser le contrat que vous souhaitez faire.

ARNOLPHE, *sans le voir.*

Comment faire !

LE NOTAIRE

Il le faut dans la forme ordinaire.

ARNOLPHE, *sans le voir.*

À mes précautions je veux songer de près.

LE NOTAIRE

Je ne passerai rien contre vos intérêts.

ARNOLPHE, *sans le voir*.

Il se faut garantir de toutes les surprises.

LE NOTAIRE

Suffit qu'entre mes mains vos affaires soient mises,
Il ne vous faudra point de peur d'être déçu,
Quittancer le Contrat que vous n'ayez reçu.

ARNOLPHE, *sans le voir*.

J'ai peur si je vais faire éclater quelque chose
Que de cet incident par la ville on ne cause.

LE NOTAIRE

Hé bien il est aisé d'empêcher cet éclat,
Et l'on peut en secret faire votre Contrat.

ARNOLPHE, *sans le voir*.

Mais comment faudra-t-il qu'avec elle j'en sorte ?

LE NOTAIRE

Le douaire [1] se règle au bien qu'on vous apporte.

ARNOLPHE, *sans le voir*.

Je l'aime, et cet amour est mon grand embarras.

LE NOTAIRE

On peut avantager une femme en ce cas.

ARNOLPHE, *sans le voir*.

Quel traitement lui faire en pareille aventure ?

LE NOTAIRE

L'ordre est que le futur doit douer la future
Du tiers du dot qu'elle a, mais cet ordre n'est rien,
Et l'on va plus avant lorsque l'on le veut bien.

---

1. Droit de l'épouse survivante sur les biens de son mari
(Robert).

ARNOLPHE, *sans le voir.*

Si...

LE NOTAIRE, *Arnolphe l'apercevant.*

Pour le préciput[1], il les regarde ensemble,
Je dis que le futur peut comme bon lui semble
Douer la future.

ARNOLPHE, *l'ayant aperçu.*
Euh !

LE NOTAIRE

Il peut l'avantager
Lorsqu'il l'aime beaucoup et qu'il veut l'obliger,
Et cela par douaire, ou préfix qu'on appelle,
Qui demeure perdu par le trépas d'icelle,
Ou sans retour, qui va de ladite à ses hoirs,
Ou Coutumier, selon les différents vouloirs,
Ou par donation dans le Contrat formelle,
Qu'on fait, ou pure et simple, ou qu'on fait mutuelle ;
Pourquoi hausser le dos ? est-ce qu'on parle en fat,
Et que l'on ne sait pas les formes d'un Contrat ?
Qui me les apprendra ? personne, je présume.
Sais-je pas qu'étant joints on est par la Coutume,
Communs en meubles, biens immeubles et conquêts[2],
À moins que par un Acte on y renonce exprès ?
Sais-je pas que le tiers du bien de la future
Entre en communauté ? pour...

ARNOLPHE

Oui, c'est chose sûre,
Vous savez tout cela, mais qui vous en dit mot ?

1. Droit de prélever, avant tout partage, une somme d'argent
sur certains biens de la masse à partager (Robert).
2. Biens achetés en commun.

LE NOTAIRE

Vous qui me prétendez faire passer pour sot,
En me haussant l'épaule, et faisant la grimace.

ARNOLPHE

La peste soit fait l'homme, et sa chienne de face.
Adieu. C'est le moyen de vous faire finir.

LE NOTAIRE

Pour dresser un Contrat m'a-t-on pas fait venir ?

ARNOLPHE

Oui, je vous ai mandé : mais la chose est remise,
Et l'on vous mandera quand l'heure sera prise.
Voyez quel Diable d'homme avec son entretien ?

LE NOTAIRE

Je pense qu'il en tient [1], et je crois penser bien.

SCÈNE 3
Le Notaire, Alain, Georgette, Arnolphe

LE NOTAIRE

M'êtes-vous pas venu quérir pour votre Maître ?

ALAIN

Oui.

1. Qu'il est fou.

LE NOTAIRE

J'ignore pour qui vous le pouvez connaître :
Mais allez de ma part lui dire de ce pas
Que c'est un fou fieffé.

GEORGETTE

Nous n'y manquerons pas.

SCÈNE 4
ALAIN, GEORGETTE, ARNOLPHE

ALAIN

Monsieur...

ARNOLPHE

Approchez-vous, vous êtes mes fidèles,
Mes bons, mes vrais amis, et j'en sais des nouvelles.

ALAIN

Le Notaire...

ARNOLPHE

Laissons, c'est pour quelque autre jour.
On veut à mon honneur jouer d'un mauvais tour :
Et quel affront pour vous mes enfants pourrait-ce être,
Si l'on avait ôté l'honneur à votre Maître ?
Vous n'oseriez après paraître en nul endroit,
Et chacun vous voyant vous montrerait au doigt :
Donc puisque autant que moi l'affaire vous regarde,
Il faut de votre part faire une telle garde
Que ce galant ne puisse en aucune façon...

GEORGETTE

Vous nous avez tantôt montré notre leçon.

ARNOLPHE

Mais à ses beaux discours gardez bien de vous rendre.

ALAIN

Oh ! vraiment...

GEORGETTE

              Nous savons comme il faut s'en
défendre.

ARNOLPHE

S'il venait doucement. Alain mon pauvre cœur
Par un peu de secours soulage ma langueur.

ALAIN

Vous êtes un sot.

ARNOLPHE, *à Georgette.*
              Bon. Georgette ma mignonne,
Tu me parais si douce, et si bonne personne.

GEORGETTE

Vous êtes un nigaud.

ARNOLPHE, *à Alain.*
              Bon. Quel mal trouves-tu
Dans un dessein honnête, et tout plein de vertu ?

ALAIN

Vous êtes un fripon.

ARNOLPHE, *à Georgette.*
              Fort bien. Ma mort est sûre
Si tu ne prends pitié des peines que j'endure.

GEORGETTE

Vous êtes un benêt, un impudent.

ARNOLPHE

Fort bien.
Je ne suis pas un homme à vouloir rien pour rien,
Je sais quand on me sert en garder la mémoire :
Cependant par avance, Alain voilà pour boire,
Et voilà pour t'avoir, Georgette, un cotillon :

Ils tendent tous deux la main, et prennent l'argent.

Ce n'est de mes bienfaits qu'un simple échantillon,
Toute la courtoisie enfin dont je vous presse,
C'est que je puisse voir votre belle Maîtresse.

GEORGETTE, *le poussant.*

À d'autres.

ARNOLPHE

Bon cela.

ALAIN, *le poussant.*

Hors d'ici.

ARNOLPHE

Bon.

GEORGETTE, *le poussant.*

Mais tôt.

ARNOLPHE

Bon. Holà, c'est assez.

GEORGETTE

Fais-je pas comme il faut ?

ALAIN

Est-ce de la façon que vous voulez l'entendre ?

ARNOLPHE

Oui, fort bien, hors l'argent, qu'il ne fallait pas prendre.

GEORGETTE

Nous ne nous sommes pas souvenus de ce point.

ALAIN

Voulez-vous qu'à l'instant nous recommencions ?

ARNOLPHE

                                              Point.
Suffit, rentrez tous deux.

ALAIN

                    Vous n'avez rien qu'à dire.

ARNOLPHE

Non, vous dis-je, rentrez, puisque je le désire.
Je vous laisse l'argent, allez, je vous rejoins,
Ayez bien l'œil à tout, et secondez mes soins.

SCÈNE 5
ARNOLPHE

ARNOLPHE

Je veux pour espion qui soit d'exacte vue,
Prendre le Savetier du coin de notre rue ;
Dans la maison toujours je prétends la tenir,
Y faire bonne garde, et surtout en bannir

Vendeuses de Ruban, Perruquières, Coiffeuses,
Faiseuses de Mouchoirs, Gantières, Revendeuses,
Tous ces gens qui sous main travaillent chaque jour,
À faire réussir les mystères d'amour ;
Enfin j'ai vu le monde, et j'en sais les finesses,
Il faudra que mon homme ait de grandes adresses,
Si Message ou Poulet[1] de sa part peut entrer.

SCÈNE 6
HORACE, ARNOLPHE

HORACE

La place m'est heureuse à vous y rencontrer,
Je viens de l'échapper bien belle je vous jure.
Au sortir d'avec vous sans prévoir l'aventure,
Seule dans son balcon j'ai vu paraître Agnès,
Qui des arbres prochains prenait un peu le frais,
Après m'avoir fait signe, elle a su faire en sorte
Descendant au jardin de m'en ouvrir la porte :
Mais à peine tous deux dans sa chambre étions-nous,
Qu'elle a sur les degrés entendu son jaloux,
Et tout ce qu'elle a pu dans un tel accessoire[2],
C'est de me renfermer dans une grande armoire.
Il est entré d'abord ; je ne le voyais pas,
Mais je l'oyais marcher sans rien dire à grands pas ;
Poussant de temps en temps des soupirs pitoyables,
Et donnant quelquefois de grands coups sur les tables,
Frappant un petit chien qui pour lui s'émouvait,
Et jetant brusquement les hardes qu'il trouvait,

1. Missive.
2. Une telle situation.

Il a même cassé d'une main mutinée,
Des vases dont la belle ornait sa cheminée,
Et sans doute il faut bien qu'à ce becque cornu,
Du trait qu'elle a joué quelque jour soit venu,
Enfin après cent tours ayant de la manière,
Sur ce qui n'en peut mais déchargé sa colère,
Mon jaloux inquiet sans dire son ennui,
Est sorti de la chambre, et moi de mon étui,
Nous n'avons point voulu, de peur du personnage,
Risquer à nous tenir ensemble davantage,
C'était trop hasarder ; mais je dois cette nuit,
Dans sa chambre un peu tard m'introduire sans bruit,
En toussant par trois fois je me ferai connaître,
Et je dois au signal voir ouvrir la fenêtre,
Dont avec une échelle, et secondé d'Agnès,
Mon amour tâchera de me gagner l'accès,
Comme à mon seul ami je veux bien vous l'apprendre,
L'allégresse du cœur s'augmente à la répandre,
Et goûtât-on cent fois un bonheur tout parfait,
On n'en est pas content si quelqu'un ne le sait,
Vous prendrez part je pense à l'heur de mes affaires,
Adieu je vais songer aux choses nécessaires.

SCÈNE 7
ARNOLPHE

ARNOLPHE

Quoi ? l'astre qui s'obstine à me désespérer,
Ne me donnera pas le temps de respirer,
Coup sur coup je verrai par leur intelligence,
De mes soins vigilants confondre la prudence,
Et je serai la dupe en ma maturité,

D'une jeune innocente, et d'un jeune éventé ?
En sage Philosophe on m'a vu vingt années,
Contempler des maris les tristes destinées,
Et m'instruire avec soin de tous les accidents,
Qui font dans le malheur tomber les plus prudents ;
Des disgrâces d'autrui profitant dans mon âme,
J'ai cherché les moyens voulant prendre une femme,
De pouvoir garantir mon front de tous affronts,
Et le tirer de pair d'avec les autres fronts ;
Pour ce noble dessein j'ai cru mettre en pratique,
Tout ce que peut trouver l'humaine Politique,
Et comme si du sort il était arrêté,
Que nul homme ici-bas n'en serait exempté,
Après l'expérience, et toutes les lumières,
Que j'ai pu m'acquérir sur de telles matières,
Après vingt ans et plus, de méditation,
Pour me conduire en tout avec précaution,
De tant d'autres maris j'aurais quitté la trace,
Pour me trouver après dans la même disgrâce ?
Ah bourreau de destin vous en aurez menti !
De l'objet qu'on poursuit, je suis encor nanti,
Si son cœur m'est volé par ce blondin funeste,
J'empêcherai du moins qu'on s'empare du reste,
Et cette nuit qu'on prend pour ce galant exploit,
Ne se passera pas si doucement qu'on croit.
Ce m'est quelque plaisir parmi tant de tristesse,
Que l'on me donne avis du piège qu'on me dresse,
Et que cet étourdi qui veut m'être fatal,
Fasse son confident de son propre Rival.

SCÈNE 8
CHRYSALDE, ARNOLPHE

CHRYSALDE

Hé bien, souperons-nous avant la promenade ?

ARNOLPHE

Non, je jeûne ce soir.

CHRYSALDE

D'où vient cette boutade ?

ARNOLPHE

De grâce excusez-moi, j'ai quelque autre embarras.

CHRYSALDE

Votre hymen résolu ne se fera-t-il pas ?

ARNOLPHE

C'est trop s'inquiéter des affaires des autres.

CHRYSALDE

Oh, oh, si brusquement ? quels chagrins sont les vôtres ?
Serait-il point, compère, à votre passion ?
Arrivé quelque peu de tribulation ?
Je le jurerais presque à voir votre visage.

ARNOLPHE

Quoi qu'il m'arrive au moins aurai-je l'avantage,
De ne pas ressembler à de certaines gens,
Qui souffrent doucement l'approche des galants.

CHRYSALDE

C'est un étrange fait qu'avec tant de lumières,
Vous vous effarouchiez toujours sur ces matières,
Qu'en cela vous mettiez le souverain bonheur,
Et ne conceviez point au monde d'autre honneur.
Être avare, brutal, fourbe, méchant, et lâche,
N'est rien à votre avis auprès de cette tache,
Et de quelque façon qu'on puisse avoir vécu,
On est homme d'honneur quand on n'est point cocu.
À le bien prendre au fond, pourquoi voulez-vous croire,
Que de ce cas fortuit dépende notre gloire ?
Et qu'une âme bien née ait à se reprocher,
L'injustice d'un mal qu'on ne peut empêcher ?
Pourquoi voulez-vous, dis-je, en prenant une femme,
Qu'on soit digne à son choix de louange ou de blâme,
Et qu'on s'aille former un monstre plein d'effroi,
De l'affront que nous fait son manquement de foi ?
Mettez-vous dans l'esprit qu'on peut du cocuage,
Se faire en galant homme une plus douce image,
Que des coups du hasard aucun n'étant garant,
Cet accident de soi doit être indifférent,
Et qu'enfin tout le mal, quoi que le monde glose,
N'est que dans la façon de recevoir la chose ;
Et pour se bien conduire en ces difficultés,
Il y faut comme en tout fuir les extrémités,
N'imiter pas ces gens un peu trop débonnaires
Qui tirent vanité de ces sortes d'affaires ;
De leurs femmes toujours vont citant les galants,
En font partout l'éloge, et prônent leurs talents,
Témoignent avec eux d'étroites sympathies,
Sont de tous leurs cadeaux, de toutes leurs parties,
Et font qu'avec raison les gens sont étonnés,
De voir leur hardiesse à montrer là leur nez.
Ce procédé sans doute est tout à fait blâmable ;

Mais l'autre extrémité n'est pas moins condamnable.
Si je n'approuve pas ces amis des galants,
Je ne suis pas aussi pour ces gens turbulents,
Dont l'imprudent chagrin qui tempête et qui gronde,
Attire au bruit qu'il fait les yeux de tout le monde ;
Et qui par cet éclat semblent ne pas vouloir
Qu'aucun puisse ignorer ce qu'ils peuvent avoir.
Entre ces deux partis il en est un honnête,
Où dans l'occasion l'homme prudent s'arrête,
Et quand on le sait prendre on n'a point à rougir,
Du pis dont une femme avec nous puisse agir.
Quoi qu'on en puisse dire, enfin le cocuage
Sous des traits moins affreux aisément s'envisage :
Et comme je vous dis, toute l'habileté,
Ne va qu'à le savoir tourner du bon côté.

ARNOLPHE

Après ce beau discours toute la confrérie,
Doit un remerciement à votre Seigneurie :
Et quiconque voudra vous entendre parler,
Montrera de la joie à s'y voir enrôler.

CHRYSALDE

Je ne dis pas cela, car c'est ce que je blâme :
Mais comme c'est le sort qui nous donne une femme,
Je dis que l'on doit faire ainsi qu'au jeu de dés,
Où s'il ne vous vient pas ce que vous demandez,
Il faut jouer d'adresse, et d'une âme réduite,
Corriger le hasard par la bonne conduite.

ARNOLPHE

C'est-à-dire dormir, et manger toujours bien,
Et se persuader que tout cela n'est rien.

CHRYSALDE

Vous pensez vous moquer, mais à ne vous rien feindre,
Dans le monde je vois cent choses plus à craindre,
Et dont je me ferais un bien plus grand malheur,
Que de cet accident qui vous fait tant de peur.
Pensez-vous qu'à choisir de deux choses prescrites,
Je n'aimasse pas mieux être ce que vous dites,
Que de me voir mari de ces femmes de bien,
Dont la mauvaise humeur fait un procès sur rien,
Ces dragons de vertu, ces honnêtes Diablesses,
Se retranchant toujours sur leurs sages prouesses,
Qui pour un petit tort qu'elles ne nous font pas,
Prennent droit de traiter les gens de haut en bas,
Et veulent sur le pied de nous être fidèles,
Que nous soyons tenus à tout endurer d'elles :
Encore un coup Compère, apprenez qu'en effet,
Le cocuage n'est que ce que l'on le fait,
Qu'on peut le souhaiter pour de certaines causes,
Et qu'il a ses plaisirs comme les autres choses.

ARNOLPHE

Si vous êtes d'humeur à vous en contenter ?
Quant à moi, ce n'est pas la mienne d'en tâter ;
Et plutôt que subir une telle aventure...

CHRYSALDE

Mon Dieu ne jurez point de peur d'être parjure ;
Si le sort l'a réglé, vos soins sont superflus,
Et l'on ne prendra pas votre avis là-dessus.

ARNOLPHE

Moi ! je serais cocu ?

CHRYSALDE

                    Vous voilà bien malade,
Mille gens le sont bien sans vous faire bravade,

Qui de mine, de cœur, de biens et de maison,
Ne feraient avec vous nulle comparaison.

ARNOLPHE

Et moi je n'en voudrais avec eux faire aucune :
Mais cette raillerie en un mot m'importune :
Brisons là, s'il vous plaît.

CHRYSALDE

                    Vous êtes en courroux,
Nous en saurons la cause ; Adieu souvenez-vous,
Quoi que sur ce sujet votre honneur vous inspire,
Que c'est être à demi ce que l'on vient de dire,
Que de vouloir jurer qu'on ne le sera pas.

ARNOLPHE

Moi ! je le jure encore, et je vais de ce pas,
Contre cet accident trouver un bon remède.

SCÈNE 9
ALAIN, GEORGETTE, ARNOLPHE

ARNOLPHE

Mes amis, c'est ici que j'implore votre aide,
Je suis édifié de votre affection ;
Mais il faut qu'elle éclate en cette occasion :
Et si vous m'y servez selon ma confiance,
Vous êtes assurés de votre récompense.
L'homme que vous savez, n'en faites point de bruit,
Veut comme je l'ai su m'attraper cette nuit,
Dans la chambre d'Agnès entrer par escalade,
Mais il lui faut nous trois dresser une embuscade.

Je veux que vous preniez chacun un bon bâton,
Et, quand il sera près du dernier échelon,
Car dans le temps qu'il faut j'ouvrirai la fenêtre,
Que tous deux, à l'envi, vous me chargiez ce traître :
Mais d'un air dont son dos garde le souvenir,
Et qui lui puisse apprendre à n'y plus revenir,
Sans me nommer pourtant en aucune manière,
Ni faire aucun semblant que je serai derrière.
Aurez-vous bien l'esprit de servir mon courroux ?

ALAIN

S'il ne tient qu'à frapper, mon Dieu, tout est à nous.
Vous verrez, quand je bats, si j'y vais de main morte.

GEORGETTE

La mienne, quoique aux yeux, elle semble moins forte,
N'en quitte pas sa part à le bien étriller.

ARNOLPHE

Rentrez donc, et surtout gardez de babiller ;
Voilà pour le prochain une leçon utile,
Et si tous les Maris qui sont en cette Ville,
De leurs Femmes ainsi recevaient le Galant,
Le nombre des Cocus ne serait pas si grand.

ACTE V

SCÈNE 1
ALAIN, GEORGETTE, ARNOLPHE

ARNOLPHE

Traîtres, qu'avez-vous fait par cette violence ?

ALAIN

Nous vous avons rendu, Monsieur, obéissance.

ARNOLPHE

De cette excuse en vain vous voulez vous armer.
L'ordre était de le battre, et non de l'assommer ;
Et c'était sur le dos, et non pas sur la tête,
Que j'avais commandé qu'on fît choir la tempête.
Ciel ! dans quel accident me jette ici le sort ?
Et que puis-je résoudre à voir cet homme mort ?
Rentrez dans la maison ; et gardez de rien dire
De cet ordre innocent que j'ai pu vous prescrire.
Le jour s'en va paraître, et je vais consulter
Comment dans ce malheur je me dois comporter.
Hélas ! que deviendrai-je ? et que dira le père,
Lorsque inopinément il saura cette affaire ?

SCÈNE 2
HORACE, ARNOLPHE

HORACE

Il faut que j'aille un peu reconnaître qui c'est.

ARNOLPHE

Eût-on jamais prévu... Qui va là ? s'il vous plaît.

HORACE

C'est vous, Seigneur Arnolphe ?

ARNOLPHE

Oui ; mais vous...

HORACE

C'est Horace.
Je m'en allais chez vous, vous prier d'une grâce,
Vous sortez bien matin.

ARNOLPHE, *bas.*

Quelle confusion !
Est-ce un enchantement ? est-ce une illusion ?

HORACE

J'étais, à dire vrai, dans une grande peine ;
Et je bénis du Ciel la bonté souveraine
Qui fait qu'à point nommé je vous rencontre ainsi.
Je viens vous avertir que tout a réussi,
Et même beaucoup plus que je n'eusse osé dire ;
Et par un incident qui devait tout détruire.

Je ne sais point par où l'on a pu soupçonner
Cette assignation qu'on m'avait su donner :
Mais étant sur le point d'atteindre à la fenêtre
J'ai, contre mon espoir, vu quelques gens paraître,
Qui sur moi brusquement levant chacun le bras
M'ont fait manquer le pied et tomber jusqu'en bas ;
Et ma chute aux dépens de quelque meurtrissure,
De vingt coups de bâton m'a sauvé l'aventure.
Ces gens-là, dont était je pense mon jaloux,
Ont imputé ma chute à l'effort de leurs coups,
Et comme la douleur un assez long espace
M'a fait sans remuer demeurer sur la place,
Ils ont cru tout de bon qu'ils m'avaient assommé,
Et chacun d'eux s'en est aussitôt alarmé.
J'entendais tout leur bruit dans le profond silence,
L'un l'autre ils s'accusaient de cette violence,
Et sans lumière aucune en querellant le sort,
Sont venus doucement tâter si j'étais mort.
Je vous laisse à penser si dans la nuit obscure,
J'ai d'un vrai trépassé su tenir la figure.
Ils se sont retirés avec beaucoup d'effroi ;
Et comme je songeais à me retirer moi,
De cette feinte mort la jeune Agnès émue
Avec empressement est devers moi venue :
Car les discours qu'entre eux ces gens avaient tenus,
Jusques à son oreille étaient d'abord venus,
Et pendant tout ce trouble étant moins observée,
Du logis aisément elle s'était sauvée.
Mais me trouvant sans mal elle a fait éclater
Un transport [1] difficile à bien représenter.
Que vous dirai-je ? enfin cette aimable personne
A suivi les conseils que son amour lui donne,
N'a plus voulu songer à retourner chez soi,

1. Trouble.

Et de tout son destin s'est commise à ma foi.
Considérez un peu par ce trait d'innocence,
Où l'expose d'un fou la haute impertinence ;
Et quels fâcheux périls elle pourrait courir,
Si j'étais maintenant homme à la moins chérir ?
Mais d'un trop pur amour mon âme est embrasée,
J'aimerais mieux mourir que l'avoir abusée.
Je lui vois des appas dignes d'un autre sort,
Et rien ne m'en saurait séparer que la mort.
Je prévois là-dessus l'emportement d'un père :
Mais nous prendrons le temps d'apaiser sa colère.
À des charmes si doux je me laisse emporter,
Et dans la vie, enfin, il se faut contenter.
Ce que je veux de vous sous un secret fidèle,
C'est que je puisse mettre en vos mains cette Belle,
Que dans votre maison, en faveur de mes feux,
Vous lui donniez retraite au moins un jour ou deux.
Outre qu'aux yeux du monde il faut cacher sa fuite,
Et qu'on en pourra faire une exacte poursuite,
Vous savez qu'une fille aussi de sa façon
Donne avec un jeune homme un étrange soupçon.
Et comme c'est à vous, sûr de votre prudence,
Que j'ai fait de mes feux entière confidence,
C'est à vous seul aussi comme ami généreux
Que je puis confier ce dépôt amoureux.

ARNOLPHE

Je suis, n'en doutez point, tout à votre service.

HORACE

Vous voulez bien me rendre un si charmant office ?

ARNOLPHE

Très volontiers, vous dis-je, et je me sens ravir
De cette occasion que j'ai de vous servir.

Je rends grâces au Ciel de ce qu'il me l'envoie,
Et n'ai jamais rien fait avec si grande joie.

HORACE

Que je suis redevable à toutes vos bontés !
J'avais de votre part craint des difficultés :
Mais vous êtes du monde, et dans votre sagesse
Vous savez excuser le feu de la jeunesse.
Un de mes gens la garde au coin de ce détour.

ARNOLPHE

Mais comment ferons-nous ? car il fait un peu jour ;
Si je la prends ici, l'on me verra, peut-être,
Et s'il faut que chez moi vous veniez à paraître,
Des valets causeront. Pour jouer au plus sûr,
Il faut me l'amener dans un lieu plus obscur.
Mon allée est commode, et je l'y vais attendre.

HORACE

Ce sont précautions qu'il est fort bon de prendre.
Pour moi je ne ferai que vous la mettre en main,
Et chez moi sans éclat je retourne soudain.

ARNOLPHE, *seul*

Ah fortune ! ce trait d'aventure propice,
Répare tous les maux que m'a faits ton caprice.

SCÈNE 3
AGNÈS, ARNOLPHE, HORACE

HORACE

Ne soyez point en peine, où je vais vous mener,
C'est un logement sûr que je vais vous donner.
Vous loger avec moi ce serait tout détruire,
Entrez dans cette porte, et laissez-vous conduire.

Arnolphe lui prend la main sans qu'elle le connaisse.

AGNÈS

Pourquoi me quittez-vous ?

HORACE

Chère Agnès, il le faut.

AGNÈS

Songez donc, je vous prie, à revenir bientôt.

HORACE

J'en suis assez pressé par ma flamme amoureuse.

AGNÈS

Quand je ne vous vois point, je ne suis point joyeuse.

HORACE

Hors de votre présence on me voit triste aussi.

AGNÈS

Hélas ! s'il était vrai, vous resteriez ici.

HORACE

Quoi ! vous pourriez douter de mon amour extrême ?

AGNÈS

Non, vous ne m'aimez pas autant que je vous aime.

Arnolphe la tire.

Ah l'on me tire trop !

HORACE

                    C'est qu'il est dangereux,
Chère Agnès, qu'en ce lieu nous soyons vus tous deux,
Et le parfait ami, de qui la main vous presse,
Suit le zèle prudent qui pour nous l'intéresse.

AGNÈS

Mais suivre un inconnu que...

HORACE

                    N'appréhendez rien,
Entre de telles mains vous ne serez que bien.

AGNÈS

Je me trouverais mieux entre celles d'Horace.
Et j'aurais...

À Arnolphe qui la tire encore.

            Attendez.

HORACE

                    Adieu, le jour me chasse.

AGNÈS

Quand vous verrai-je donc ?

HORACE

Bientôt assurément.

AGNÈS

Que je vais m'ennuyer jusques à ce moment !

HORACE

Grâce au Ciel, mon bonheur n'est plus en concurrence,
Et je puis maintenant dormir en assurance.

SCÈNE 4
ARNOLPHE, AGNÈS

ARNOLPHE, *le nez dans son manteau.*

Venez, ce n'est pas là que je vous logerai,
Et votre gîte ailleurs est par moi préparé,
Je prétends en lieu sûr mettre votre personne.
Me connaissez-vous ?

AGNÈS, *le reconnaissant.*

Hay.

ARNOLPHE

Mon visage, Friponne,
Dans cette occasion rend vos sens effrayés,
Et c'est à contrecœur qu'ici vous me voyez ;
Je trouble en ses projets l'amour qui vous possède.

Agnès regarde si elle ne verra point Horace.

N'appelez point des yeux le Galant à votre aide,
Il est trop éloigné pour vous donner secours.
Ah, ah, si jeune encor, vous jouez de ces tours,

Votre simplicité, qui semble sans pareille,
Demande si l'on fait les Enfants par l'oreille,
Et vous savez donner des rendez-vous la nuit,
Et pour suivre un Galant vous évader sans bruit.
Tudieu ? comme avec lui votre langue cajole ;
Il faut qu'on vous ait mise à quelque bonne école.
Qui diantre tout d'un coup vous en a tant appris ?
Vous ne craignez donc plus de trouver des Esprits ?
Et ce Galant la nuit vous a donc enhardie ?
Ah, Coquine, en venir à cette perfidie ;
Malgré tous mes bienfaits former un tel dessein,
Petit serpent que j'ai réchauffé dans mon sein,
Et qui dès qu'il se sent par une humeur ingrate
Cherche à faire du mal à celui qui le flatte !

AGNÈS

Pourquoi me criez-vous [1] ?

ARNOLPHE

                    J'ai grand tort en effet.

AGNÈS

Je n'entends point de mal dans tout ce que j'ai fait.

ARNOLPHE

Suivre un Galant n'est pas une action infâme ?

AGNÈS

C'est un homme qui dit qu'il me veut pour sa femme ;
J'ai suivi vos leçons, et vous m'avez prêché
Qu'il se faut marier pour ôter le péché.

1. Me grondez-vous ?

ARNOLPHE

Oui, mais pour femme moi je prétendais vous prendre,
Et je vous l'avais fait, me semble, assez entendre.

AGNÈS

Oui, mais à vous parler franchement entre nous,
Il est plus pour cela selon mon goût que vous ;
Chez vous le mariage est fâcheux et pénible,
Et vos discours en font une image terrible :
Mais las ! il le fait lui si rempli de plaisirs,
Que de se marier il donne des désirs.

ARNOLPHE

Ah, c'est que vous l'aimez, traîtresse.

AGNÈS

                              Oui je l'aime.

ARNOLPHE

Et vous avez le front de le dire à moi-même ?

AGNÈS

Et pourquoi s'il est vrai, ne le dirais-je pas ?

ARNOLPHE

Le deviez-vous aimer ? Impertinente.

AGNÈS

                              Hélas !
Est-ce que j'en puis mais ? lui seul en est la cause,
Et je n'y songeais pas lorsque se fit la chose.

ARNOLPHE

Mais il fallait chasser cet amoureux désir.

AGNÈS

Le moyen de chasser ce qui fait du plaisir ?

ARNOLPHE

Et ne saviez-vous pas que c'était me déplaire ?

AGNÈS

Moi, point du tout, quel mal cela vous peut-il faire ?

ARNOLPHE

Il est vrai, j'ai sujet d'en être réjoui.
Vous ne m'aimez donc pas, à ce compte ?

AGNÈS

                                            Vous ?

ARNOLPHE

                                            Oui.

AGNÈS

Hélas, non.

ARNOLPHE

        Comment, non ?

AGNÈS

                        Voulez-vous que je mente ?

ARNOLPHE

Pourquoi ne m'aimer pas, Madame l'impudente ?

AGNÈS

Mon dieu, ce n'est pas moi que vous devez blâmer ;
Que ne vous êtes-vous comme lui fait aimer ?
Je ne vous en ai pas empêché, que je pense.

ARNOLPHE

Je m'y suis efforcé de toute ma puissance ;
Mais les soins que j'ai pris, je les ai perdus tous.

AGNÈS

Vraiment il en sait donc là-dessus plus que vous ;
Car à se faire aimer il n'a point eu de peine.

ARNOLPHE

Voyez comme raisonne et répond la vilaine.
Peste, une Précieuse en dirait-elle plus ?
Ah ! je l'ai mal connue, ou ma foi là-dessus
Une sotte en sait plus que le plus habile homme ;
Puisque en raisonnement votre esprit se consomme,
La belle raisonneuse, est-ce qu'un si long temps
Je vous aurai pour lui nourrie à mes dépens ?

AGNÈS

Non, il vous rendra tout jusques au dernier double.

ARNOLPHE

Elle a de certains mots où mon dépit redouble.
Me rendra-t-il, coquine, avec tout son pouvoir
Les obligations que vous pouvez m'avoir ?

AGNÈS

Je ne vous en ai pas de si grandes qu'on pense.

ARNOLPHE

N'est-ce rien que les soins d'élever votre enfance ?

AGNÈS

Vous avez là-dedans bien opéré vraiment,
Et m'avez fait en tout instruire joliment,
Croit-on que je me flatte, et qu'enfin dans ma tête

Je ne juge pas bien que je suis une bête ?
Moi-même j'en ai honte, et dans l'âge où je suis
Je ne veux plus passer pour sotte, si je puis.

ARNOLPHE

Vous fuyez l'ignorance, et voulez, quoi qu'il coûte,
Apprendre du blondin quelque chose.

AGNÈS

                              Sans doute,
C'est de lui que je sais ce que je puis savoir,
Et beaucoup plus qu'à vous je pense lui devoir.

ARNOLPHE

Je ne sais qui me tient qu'avec une gourmade [1]
Ma main de ce discours ne venge la bravade.
J'enrage quand je vois sa piquante froideur,
Et quelques coups de poing satisferaient mon cœur.

AGNÈS

Hélas, vous le pouvez, si cela peut vous plaire.

ARNOLPHE

Ce mot, et ce regard désarme ma colère,
Et produit un retour de tendresse de cœur,
Qui de son action m'efface la noirceur.
Chose étrange ! d'aimer, et que pour ces traîtresses
Les hommes soient sujets à de telles faiblesses.
Tout le monde connaît leur imperfection.
Ce n'est qu'extravagance, et qu'indiscrétion ;
Leur esprit est méchant, et leur âme fragile,
Il n'est rien de plus faible et de plus imbécile [2] ;

1. Un coup de poing.
2. Faible, sans force physique.

Rien de plus infidèle, et malgré tout cela
Dans le monde on fait tout pour ces animaux-là.
Hé bien, faisons la paix, va petite traîtresse,
Je te pardonne tout, et te rends ma tendresse ;
Considère par là l'amour que j'ai pour toi,
Et me voyant si bon, en revanche aime-moi.

AGNÈS

Du meilleur de mon cœur, je voudrais vous complaire,
Que me coûterait-il, si je le pouvais faire ?

ARNOLPHE

Mon pauvre petit bec, tu le peux, si tu veux,

Il fait un soupir.

Écoute seulement ce soupir amoureux,
Vois ce regard mourant, contemple ma personne,
Et quitte ce morveux, et l'amour qu'il te donne ;
C'est quelque sort qu'il faut qu'il ait jeté sur toi,
Et tu seras cent fois plus heureuse avec moi.
Ta forte passion est d'être brave [1] et leste,
Tu le seras toujours, va, je te le proteste ;
Sans cesse nuit et jour je te caresserai,
Je te bouchonnerai, baiserai, mangerai ;
Tout comme tu voudras, tu pourras te conduire,
Je ne m'explique point, et cela c'est tout dire.

À part.

Jusqu'où la passion peut-elle faire aller ?
Enfin à mon amour rien ne peut s'égaler ;
Quelle preuve veux-tu que je t'en donne, ingrate ?
Me veux-tu voir pleurer ? veux-tu que je me batte ?
Veux-tu que je m'arrache un côté de cheveux ?

---

1. Jusqu'au XVIIe siècle, sens de : orgueilleux, noble, beau.

Veux-tu que je me tue ? oui, dis si tu le veux,
Je suis tout prêt, cruelle, à te prouver ma flamme.

AGNÈS

Tenez, tous vos discours ne me touchent point l'âme.
Horace avec deux mots en ferait plus que vous.

ARNOLPHE

Ah ! c'est trop me braver, trop pousser mon courroux.
Je suivrai mon dessein, bête trop indocile,
Et vous dénicherez à l'instant de la Ville ;
Vous rebutez mes vœux, et me mettez à bout ;
Mais un cul[1] de Couvent me vengera de tout.

SCÈNE 5
ALAIN, ARNOLPHE

ALAIN

Je ne sais ce que c'est, Monsieur, mais il me semble
Qu'Agnès et le corps mort s'en sont allés ensemble.

ARNOLPHE

La voici ; dans ma chambre allez me la nicher,
Ce ne sera pas là qu'il la viendra chercher,
Et puis c'est seulement pour une demi-heure,
Je vais pour lui donner une sûre demeure
Trouver une voiture ; enfermez-vous des mieux,
Et surtout gardez-vous de la quitter des yeux :
Peut-être que son âme étant dépaysée
Pourra de cet amour être désabusée.

---

1. Partie la plus reculée du couvent.

SCÈNE 6
ARNOLPHE, HORACE

HORACE

Ah ! je viens vous trouver accablé de douleur,
Le Ciel, Seigneur Arnolphe, a conclu mon malheur,
Et par un trait fatal d'une injustice extrême
On me veut arracher de la beauté que j'aime.
Pour arriver ici mon père a pris le frais,
J'ai trouvé qu'il mettait pied à terre ici près,
Et la cause en un mot d'une telle venue,
Qui, comme je disais, ne m'était pas connue,
C'est qu'il m'a marié sans m'en récrire rien,
Et qu'il vient en ces lieux célébrer ce lien.
Jugez, en prenant part à mon inquiétude,
S'il pouvait m'arriver un contretemps plus rude ;
Cet Enrique, dont hier je m'informais à vous,
Cause tout le malheur dont je ressens les coups ;
Il vient avec mon père achever ma ruine,
Et c'est sa fille unique à qui l'on me destine.
J'ai dès leurs premiers mots pensé m'évanouir,
Et d'abord sans vouloir plus longtemps les ouïr,
Mon père ayant parlé de vous rendre visite
L'esprit plein de frayeur, je l'ai devancé vite :
De grâce, gardez-vous de lui rien découvrir
De mon engagement, qui le pourrait aigrir,
Et tâchez, comme en vous il prend grande créance,
De le dissuader de cette autre alliance.

ARNOLPHE

Oui-da.

HORACE

Conseillez-lui de différer un peu,
Et rendez en ami ce service à mon feu.

ARNOLPHE

Je n'y manquerai pas.

HORACE

C'est en vous que j'espère.

ARNOLPHE

Fort bien.

HORACE

Et je vous tiens mon véritable père ;
Dites-lui que mon âge... ah ! je le vois venir,
Écoutez les raisons que je vous puis fournir.

Ils demeurent en un coin du Théâtre.

SCÈNE 7
ENRIQUE, ORONTE, CHRYSALDE, HORACE, ARNOLPHE

ENRIQUE, *à Chrysalde.*

Aussitôt qu'à mes yeux je vous ai vu paraître,
Quand on ne m'eût rien dit j'aurais su vous connaître ;
Je vous vois tous les traits de cette aimable sœur,
Dont l'hymen autrefois m'avait fait possesseur ;
Et je serais heureux, si la Parque cruelle
M'eût laissé ramener cette épouse fidèle,
Pour jouir avec moi des sensibles douceurs
De revoir tous les siens après nos longs malheurs :

Mais puisque du destin la fatale puissance
Nous prive pour jamais de sa chère présence,
Tâchons de nous résoudre, et de nous contenter
Du seul fruit amoureux qui m'en est pu rester,
Il vous touche de près. Et sans votre suffrage
J'aurais tort de vouloir disposer de ce gage ;
Le choix du fils d'Oronte est glorieux de soi,
Mais il faut que ce choix vous plaise comme à moi.

CHRYSALDE

C'est de mon jugement avoir mauvaise estime,
Que douter si j'approuve un choix si légitime.

ARNOLPHE, *à Horace.*

Oui, je vais vous servir de la bonne façon.

HORACE

Gardez encor un coup...

ARNOLPHE

N'ayez aucun soupçon.

ORONTE, *à Arnolphe.*

Ah ! que cette embrassade est pleine de tendresse.

ARNOLPHE

Que je sens à vous voir une grande allégresse.

ORONTE

Je suis ici venu...

ARNOLPHE

Sans m'en faire récit,
Je sais ce qui vous mène.

ORONTE

On vous l'a déjà dit ?

ARNOLPHE

Oui.

ORONTE

Tant mieux.

ARNOLPHE

Votre fils à cet hymen résiste,
Et son cœur prévenu n'y voit rien que de triste,
Il m'a même prié de vous en détourner ;
Et moi tout le conseil que je vous puis donner,
C'est de ne pas souffrir que ce nœud se diffère,
Et de faire valoir l'autorité de père ;
Il faut avec vigueur ranger [1] les jeunes gens,
Et nous faisons contre eux à leur être indulgents.

HORACE

Ah traître !

CHRYSALDE

Si son cœur a quelque répugnance,
Je tiens qu'on ne doit pas lui faire violence ;
Mon frère, que je crois, sera de mon avis.

ARNOLPHE

Quoi ! se laissera-t-il gouverner par son fils ?
Est-ce que vous voulez qu'un père ait la mollesse
De ne savoir pas faire obéir la jeunesse ?
Il serait beau, vraiment, qu'on le vît aujourd'hui
Prendre loi de qui doit la recevoir de lui.

1. Obliger à obéir.

Non, non, c'est mon intime, et sa gloire est la mienne,
Sa parole est donnée, il faut qu'il la maintienne,
Qu'il fasse voir ici de fermes sentiments,
Et force de son fils tous les attachements.

ORONTE

C'est parler comme il faut, et dans cette alliance,
C'est moi qui vous réponds de son obéissance.

CHRYSALDE, *à Arnolphe.*

Je suis surpris, pour moi, du grand empressement
Que vous me faites voir pour cet engagement,
Et ne puis deviner quel motif vous inspire...

ARNOLPHE

Je sais ce que je fais, et dis ce qu'il faut dire.

ORONTE

Oui, oui, Seigneur Arnolphe, il est...

CHRYSALDE

                              Ce nom l'aigrit,
C'est Monsieur de la Souche, on vous l'a déjà dit.

ARNOLPHE

Il n'importe.

HORACE

        Qu'entends-je !

ARNOLPHE, *se retournant vers Horace.*

                          Oui, c'est là le mystère,
Et vous pouvez juger ce que je devais faire.

HORACE

En quel trouble...

SCÈNE 8
Georgette, Enrique, Oronte, Chrysalde, Horace, Arnolphe

GEORGETTE

Monsieur, si vous n'êtes auprès,
Nous aurons de la peine à retenir Agnès,
Elle veut à tous coups s'échapper, et peut-être
Qu'elle se pourrait bien jeter par la fenêtre.

ARNOLPHE

Faites-la-moi venir, aussi bien de ce pas
Prétends-je l'emmener, ne vous en fâchez pas,
Un bonheur continu rendrait l'homme superbe,
Et chacun a son tour, comme dit le Proverbe.

HORACE

Quels maux peuvent, ô Ciel, égaler mes ennuis[1] ?
Et s'est-on jamais vu dans l'abîme où je suis ?

ARNOLPHE, *à Oronte.*

Pressez vite le jour de la Cérémonie,
J'y prends part, et déjà moi-même je m'en prie[2].

ORONTE

C'est bien notre dessein.

---

1. Ici tristesse profonde, grand chagrin.
2. Je m'y invite.

SCÈNE 9
AGNÈS, ALAIN, GEORGETTE, ORONTE, ENRIQUE
ARNOLPHE, HORACE, CHRYSALDE

ARNOLPHE

Venez, Belle, venez,
Qu'on ne saurait tenir, et qui vous mutinez,
Voici votre Galant, à qui pour récompense
Vous pouvez faire une humble et douce révérence.
Adieu ; l'événement trompe un peu vos souhaits ;
Mais tous les amoureux ne sont pas satisfaits.

AGNÈS

Me laissez-vous, Horace, emmener de la sorte ?

HORACE

Je ne sais où j'en suis, tant ma douleur est forte.

ARNOLPHE

Allons, causeuse, allons.

AGNÈS

Je veux rester ici.

ORONTE

Dites-nous ce que c'est que ce mystère-ci.
Nous nous regardons tous sans le pouvoir comprendre.

ARNOLPHE

Avec plus de loisir je pourrai vous l'apprendre.
Jusqu'au revoir.

ORONTE

        Où donc prétendez-vous aller ?
Vous ne nous parlez point, comme il nous faut parler.

ARNOLPHE

Je vous ai conseillé malgré tout son murmure,
D'achever l'hyménée.

ORONTE

                Oui, mais pour le conclure
Si l'on vous a dit tout, ne vous a-t-on pas dit
Que vous avez chez vous celle dont il s'agit ?
La fille qu'autrefois de l'aimable Angélique
Sous des liens secrets eut le seigneur Enrique.
Sur quoi votre discours était-il donc fondé ?

CHRYSALDE

Je m'étonnais aussi de voir son procédé.

ARNOLPHE

Quoi...

CHRYSALDE

        D'un hymen secret ma sœur eut une fille,
Dont on cacha le sort à toute la famille.

ORONTE

Et qui sous de feints noms pour ne rien découvrir,
Par son époux aux champs fut donnée à nourrir.

CHRYSALDE

Et dans ce temps, le sort lui déclarant la guerre,
L'obligea de sortir de sa natale terre.

ORONTE

Et d'aller essuyer mille périls divers
Dans ces lieux séparés de nous par tant de mers.

CHRYSALDE

Où ses soins ont gagné ce que dans sa patrie
Avaient pu lui ravir l'imposture et l'envie.

ORONTE

Et, de retour en France, il a cherché d'abord
Celle à qui de sa fille il confia le sort.

CHRYSALDE

Et cette paysanne a dit avec franchise,
Qu'en vos mains à quatre ans elle l'avait remise.

ORONTE

Et qu'elle l'avait fait sur votre charité
Par un accablement d'extrême pauvreté.

CHRYSALDE

Et lui plein de transport, et l'allégresse en l'âme
A fait jusqu'en ces lieux conduire cette femme.

ORONTE

Et vous allez, enfin, la voir venir ici
Pour rendre aux yeux de tous ce mystère éclairci.

CHRYSALDE

Je devine à peu près quel est votre supplice,
Mais le sort en cela ne vous est que propice ;
Si n'être point cocu vous semble un si grand bien,
Ne vous point marier en est le vrai moyen.

ARNOLPHE, *s'en allant tout transporté
et ne pouvant parler.*

Oh !

ORONTE

D'où vient qu'il s'enfuit sans rien dire ?

HORACE

Ah mon père

Vous saurez pleinement ce surprenant mystère.
Le hasard en ces lieux avait exécuté
Ce que votre sagesse avait prémédité.
J'étais par les doux nœuds d'une ardeur mutuelle
Engagé de parole avecque cette Belle ;
Et c'est elle en un mot que vous venez chercher,
Et pour qui mon refus a pensé vous fâcher.

ENRIQUE

Je n'en ai point douté d'abord que je l'ai vue,
Et mon âme depuis n'a cessé d'être émue.
Ah ! ma fille, je cède à des transports si doux.

CHRYSALDE

J'en ferais de bon cœur, mon frère, autant que vous,
Mais ces lieux et cela ne s'accommodent guère ;
Allons dans la maison débrouiller ces mystères,
Payer à notre ami ces soins officieux [1],
Et rendre grâce au Ciel qui fait tout pour le mieux.

1. Obligeant, qui cherche à rendre service.

Le plaisir de lire,
tout simplement

1,50 €
Texte
intégral

Molière
Le médecin
malgré lui

Préface de
Nicolas Millet

POCKET

(Pocket n° 12532)

(Re)découvrez en texte intégral les titres incontournables de notre patrimoine littéraire à prix étudiés. Autant de textes (nouvelle, roman, théâtre, poésie) qui ont marqué l'histoire de la littérature, autant d'auteurs qui ont su toucher – et qui touchent aujourd'hui encore – des générations de lecteurs par leur génie et leur modernité.
Un tête-à-tête privilégié avec des textes essentiels toujours d'actualité.

Pour en savoir plus...

Cet ouvrage a été composé par
PCA – 44400 REZÉ

Impression réalisée sur Presse Offset par

BRODARD & TAUPIN

GROUPE CPI

36280 – La Flèche (Sarthe), le 31-07-2006
Dépôt légal : juin 2005
Suite du premier tirage : juillet 2006

POCKET – 12, avenue d'Italie - 75627 Paris cedex 13

Imprimé en France